10

新世纪心理与心理健康教育文库
Xinshiji Xinli Yu Xinlijiankangjiaoyu Wenku

心理学研究方法

Xinlixue Yanjiu Fangfa

张志杰 ◆ 主编
Zhang Zhijie

开明出版社

新世纪心理与心理健康教育文库

编 委 会

总 序

Sequence

早在上个世纪 70 年代就有专家预言：21 世纪是心理学的世纪。21 世纪人类所面临的最大挑战，不是其他，而是心理困惑和心理问题。

进入新世纪，我国社会主义物质文明、政治文明、精神文明建设不断加强，综合国力大幅度提高，人民生活显著改善。同时，我们也要看到，我国已进入改革发展的关键时期，经济体制深刻变革，社会结构深刻变动，利益格局深刻调整，思想观念深刻变化。这种空前的社会变革，给我国发展进步带来巨大活力，也必然带来这样那样的矛盾和问题。例如，城乡、区域经济社会发展很不平衡；就业、收入分配、社会保障、教育、医疗、住房等方面关系群众切身利益的问题比较突出；一些社会成员诚信缺失、道德失范；一些领域的腐败现象比较严重等。这些矛盾和问题让人们感到心理困惑，时刻冲击着人们的心理承受能力。

2006 年，中共中央《关于构建社会主义和谐社会若干重大问题的决定》明确指出：我们必须坚持以人为本。要注重促进人的心理和谐，加强人文关怀和心理疏导，引导人们正确对待自己、他人和社会，正确对待困难、挫折和荣誉。要加强心理健康教育和保健，塑造自尊自信、理性平和、积极向上的社会心态。心理和谐是构建和谐社会的心理基础和重要标志。胡锦涛同志指出："科学发展观，第一要义是发展，核心是以人为本。"以人为本就必须重视人、尊重人、关心人、爱护人，就必须重视人的心理发展。加强心理健康教育和心理保健，不断提高人们的心理素质，帮助人们形成积极心理品质，为和谐社会建设奠定和谐的心理基础已经成为举国上下的共识。

促进人的心理和谐需要有科学心理学指引，加强心理健康教育需要有合适的教材。近年来，国内虽然也陆续出版了一些心理学或心理健康教育方面的图书，但不够系统，缺乏总体规划。正因为如此，我们组织了一批心理学专家、学者，编写了这套反映我国心理学发展及心理健康教育理论成果的“新世纪心理与心理健康教育文库”。

“新世纪心理与心理健康教育文库”具有系统性。文库参照心理学学科体系和我国现实需要，分为基础理论、应用理论和技术与实践三个系列。

“新世纪心理与心理健康教育文库”具有权威性。文库是国家出版基金资助项目；文库撰稿人的选择面向全国，每一本图书都由该领域的专家学者撰稿；文库的统稿工作由国内权威心理学家和心理健康教育专家负责完成。

“新世纪心理与心理健康教育文库”具有前沿性。文库在全国范围选聘心理学和心理健康教育领域的专家学者撰稿，既可以吸收心理学与心理健康教育的权威理论和最新研究成果，也可以保证所选内容资料贴近时代、贴近生活、贴近实际。

“新世纪心理与心理健康教育文库”具有实用性。文库在强调系统性、理论性、科学性的同时，更加强调实用性。力求做到理论联系实际，给出的理论实用，给出的技术可行，给出的方法可操作。

“新世纪心理与心理健康教育文库”理论性、实用性、资料性、工具性兼备，是心理学与心理健康教育的“百科全书”。它可以作为从事心理与心理健康教育工作的管理者和研究者的参考书、工具书；可以作为心理健康教育教师继续学习、自我提高的自修图书；可以作为心理健康教育教师的培训用书；可以作为师范院校心理与心理健康教育专业的教材或参考书。

我们相信，“新世纪心理与心理健康教育文库”对于从事心理与心理健康教育工作的人士会有所帮助；对于我国的心理与心理健康教育工作会起到推动促进作用；对于促进人的心理和谐、促进社会心理和谐会发挥一定作用。

我们希望，这套文库能够得到广大心理与心理健康教育工作者的认可、接纳。

郑日昌

于京师园

前言

Preface

科学发展史上，每一次科学的重大发现，几乎都伴有科学方法的重要发展。正如巴甫洛夫所说“科学随着方法学上获得的成就不断跃进，方法学每前进一步，我们便仿佛上升了一级阶梯，于是我们就展开了更广阔的眼界，看见了从未见过的事物”。心理学研究方法对心理学研究也具有同样的意义。科学的研究方法不仅标志着科学心理学的诞生，同样也推动和促进了科学心理学的发展。因此，心理学的方法学知识应该成为心理学知识中的重要组成部分。

由于心理学研究对象的特殊性和复杂性，心理学的研究方法也呈现出多样性的特征。心理学研究方法兼具有自然科学和社会科学研究方法的特点，同时有具有自己的独特性。对于心理学方法学知识的学习，不仅有助于了解心理学研究的特点和基本过程，而且有助于提高自己发现问题、分析问题和解决问题的能力，进而提高自己的专业素养。

本书作为一本导读性质的读物，我们在编写中遵循了以下的基本原则：

1. 科学性：注重观点阐述的科学性和实例引述的准确性和完整性。

2. 系统性：注重体例结构的系统性的同时，在每个章节中也注重材料组织的系统性和逻辑性。

3. 可读性：注重文字的简洁性，把各种方法以通俗易懂的方式呈现给读者。

本书在编写的过程中，我们系统的参考了《心理学研究方法》（黄希庭、张志杰主编，高等教育出版社）第一版和第二版的内容，本书中的心理学研究的伦理和统计分析方法部分我们基本上参照了原书中的相关章节。同时，我们还参考了大量的学术著作、论文和互联网资料，这里一并对这些研究者的辛勤工作表示衷心的感谢。

本书在编写过程中，邀请了一些志同道合的朋友加盟，他们分别是尹华站博士（重庆师范大学）（第五和六章）、郑剑虹博士（湛江师范学院）（第七章）、凤四海博士（中国民航飞行学院）（第八、九和十章）、阎书昌博士（河北师范大学）（第十一章）。我的学生任维聪（第三章）、张方（第四章）也参与了部分章节的编写和书稿的统校工作。

对于心理现象和行为规律奥秘的探索是一个永无止境的过程。笛卡尔曾说“方法学的知识是最有用的知识”，因此我们寄希望于本书能成为广大读者学习心理学知识的过程中最有用的知识。

在本书的编写过程中，开明出版社的王桢编辑给予了我们很大的帮助，在此我们对她的支持和鼓励表示衷心的感谢。作者水平有限，本书的编写还存在许多不足和有待完善的地方，欢迎广大读者批评和指正。

张志杰

目 录

Contents

第一章　科学与科学研究

【本章提要】

科学是以有系统的实证性研究方法所获得的有组织的知识。任何能够建立科学、发展科学的研究方法都可以称为科学方法。人类的好奇心是推动科学研究的动力。科学研究必须遵循一定的行为规范。科学研究的目的在于对现象的描述、预测、解释和控制。科学理论提供了对外部世界一致性的连贯描述。对科学理论的构建和检验可以通过选择现象、寻找关键共性、抽象化和验证假设四个步骤来完成。归纳和演绎是科学研究中两种重要的逻辑推论方法。在理论的构建与检验过程中，演绎逻辑和归纳逻辑是同时存在、相互重叠和交织在一起的。

【学习重点】

1. 了解科学与科学方法的基本含义。
2. 掌握科学理论构建和检验的基本步骤。
3. 熟悉科学研究的基本环节。

【重要术语】

科学　科学方法　科学态度　科学精神　理论　理论构建与检验

第一节　科学与科学方法

基因工程、生物技术、信息技术这些科学研究的成果不仅改变了我们的生活方式，而且极大地影响着我们的存在方式。在现代社会中，没有哪一个领域能够像科学这样具有如此的权威。“科学”早已成为现代社会中人们耳熟能详的一个名词，人们对科学家的信任也超过了对其他任何群体的信任。但是，究竟什么是科学，科学知识是如何获得的以及科学研究是如何进行的，人们却未必能说清楚。

一、科学及其特征

当大部分人听到科学这个词时，首先跃入他们脑海的可能是一根试管、一艘宇宙飞船或者一个身穿白色实验服的人。这些外在的特征只是科学的一部分。英语中科学（science）的拉丁词源 scientia 有辨析与求知的含义，泛指任何具有严格确定性的知识与信念体系。德语中科学（wissenschaft）的字根 wissen 意为去知，整个词指系统性的学问与知识。科学最初是哲学的一部分，旨在通过思辨寻求关于世界本质的真知。科学革命之后，现代科学转变为建立在数学和实验之上具有普遍性和客观性的知识。

那么，究竟什么是科学呢？不同的学者从不同的角度对科学进行了界定。这里我们采用杨国枢先生对科学的一个简洁定义，即科学是“以有系统的实证性（empirical）研究方法所获得的有组织的知识”。

这个界定从两个方面对科学进行了概括，首先，科学是系统的、有组织的知识体系。但是系统的、有组织的知识只是科学的部分特征。并非有系统和有组织的知识都是科学。例如，哲学和宗教知识也是有系统、有组织的知识，但是它们都不是科学。同时科学还表示获得这种知识的方法。无论科学的研究对象是自然现象、社会现象还是心理现象，系统的实证方式都是科学的唯一标志。

可以将科学定义为一种态度与方法，以进行有系统的观察与控制、精确的定义、测量与分析，完成可以重复验证的发现。而科学研究就是采用这种“有系统的实证研究方法”所进行的研究。

科学的知识必须通过逻辑（logical）和实证（empirical）的支持，这样科学的知识不仅能够合理地解释各种现象，也符合经验世界的观察。这两个重要的科学判断的标准，使得知识的发生具有自我修正（self-correcting）的功能，也就是能够从旧的发现到新的发现中，找到更具有解释力的结果，或者从客观资料中的不同线索与事实的辩证中，得到符合真实的结果。

科学是从自然界开始的，然后扩展到对社会现象的探究。自然科学，如物理学、化学、生物学等，处理的是物理世界与物质世界（如植物、天体、化学反应等）。自然科学是新科技的基础，受到普遍的重视。当大多数人听到这个名词时，最先想到的就是这些。社会科学，诸如心理学、社会学、人类学、经济学和政治学，涉及的是关于人的科学（他们的行为、信仰、互动、制度等）。很少有人把这些学科和科学联系在一起。这些学科通常被称为软科学（soft science）。这不是因为这类研究随便或不够严谨，而是因为研究的对象、人类的社会生活变动不定、难以观察，并且不容易利用实验室的仪器加以精确地测量。一个科学的研究主题（如人类的态度、岩石或星系）决定了这门科学所使用的基础与工具（如调查、显微镜或望远镜）。

无论是自然科学，还是社会科学，科学研究都具有一些共同的特征。勒温（Lewin，1979）指出“科学”具有五种特征。

1. 科学家相信宇宙具有规律性或事物的发生具有因果关系。

2. 科学的目的是在一堆看似杂乱无章的现象中，找出现象间的规律。也就是说，科学研究的目的是建立“理论”，也就是研究者用对“规律”的想法来解释现象。

3. 建立理论时，研究者所依据的是研究中收集到的“实证资料”。

4. 因为理论只是研究者的一些想法，所以理论只是“暂时真理”，可以被随时推翻。一个无法被推翻的理论便不是科学的理论。

5. 因为科学理论只是暂时的真理，所以它的建立过程必须公开，以便其他科学家能够加以检验和验证。

二、科学方法和态度

你可能已经听说过科学方法。科学方法（scientific method）是指科学研究所使用的观念、规则、技术和方法。从广义上说，任何能够建立科学、发展科学的研究方法都可以称为科学方法。科学方法又可以区分为技术方法（technical method）和逻辑方法（logical method）。技术方法是运用技术来操作度量我们所要研究的对象。逻辑方法是根据我们所获得的资料进行逻辑推理（logical reasoning）而得到结论的方法。

科学研究的方法分为两个层次，即方法论（methodology）的层次和研究方法（research method）的层次。科学研究的方法论涉及科学研究活动的基本假设、逻辑及原则，目的在于探讨科学研究活动的基本特征。方法论所涉及的内容多属于基本概念以及各门科学在方法上具有的共同特征。而研究方法则是指从事研究工作所实际采用的程序或步骤。由于不同学科的研究对象不同，其研究方法也有所差异。

方法是选择与使用科学技术的方法，也是评估各种科学方案，然后进行取舍的方法。例如在进行问卷调查的时候，问卷本身是收集资料的工具，如何设计一份好的问卷（questionnaire）以及如何进行调查（survey）是技术。如何把收集来的资料进行整理分析（analysis）而得到研究工作所预期的结果（也就是对假设的验证）的逻辑程序才是方法。

科学方法的基本内涵是用一套有系统的程序或步骤，以解决问题。杜威（Dewey，1910）在其《思维术》（*How We Think*）一书中列述了科学研究的五个步骤：

1. 遭遇困难；
2. 认定和界定困难；
3. 提出困难的解决方法——假设；
4. 推演假设的结果；
5. 考验假设。

科学的目的在于探求事物的本质及其运动规律，但是推动科学研究的动力是什么呢？科学研究始于一种好奇、热情而又怀疑地去审视各种观点的态度，是人类天生的好奇心和求知欲。正如爱因斯坦所说，“所谓科学家，无非是历经教育制度的打击后，而仍能保存儿时那份好奇心的成年人罢了”。科学态度（scientific attitude）是一种观察世界的方式。格林内尔（Grinnell，1987）曾说过：“科学方法只是一个理想的构建，科学态度才是人们观察世界的方法。从事科学研究可以采用许多种不同的方法，但是使这些方法能够称为科学方法的，则是依据它们是否被科学共同体所接受。”

在科学研究的历史上，真正具有深远意义而伟大的科学研究都是超越功利的对知识的渴求。相反，从功利主义出发的研究，往往会画地为牢而无所成就。从好奇心出发去探求事物的真相，继而培养出一种锲而不舍的求真精神，正是科学精神的核心。除了好奇心外，科学研究中科学家还应该具备以下的价值规范或态度。

1. 普遍主义（universalism）。不论做研究的是谁（老的，少的，男的，女的），也不论研究是在哪里（在美国、法国，哈佛还是哪所不知名的大学）进行，研究只根据科学价值加以判断。

2. 组织化的怀疑论（organized skepticism）。科学家不应该漫不经心地和毫不批判地就接受新的观念或证据。他们应当挑战与质疑每项研究所有的证据和主题，并对其进行严密的审查。批判的目的不在于人身攻击，而在于确保研究经得起细致和严格的检验。

3. 无偏见（disinterestedness）。科学家必须中立、公正、敏锐，广纳所有非预期的观察或新的观念。科学家不应该僵化地与某个特殊的概念或观点结合。他们应该接受甚至找寻与他们立场相反的证据，并且应该诚实地接受所有高质量研究的发现。

4. 共享主义（communalism）。科学知识必须与他人分享，它属于每个人。创造科学知识是项公开的行动，研究发现是共有财产，开放给所有的人使用。执行研究的方式必须给予详尽的描述。新的知识在它被其他的研究者审查通过，并且以一种专门的形式与问题公开发表之前，是不会被正式接受的。

5. 诚实（honesty）。这是个一般性的文化规范，但是科学研究特别强调这一点。科学家要求诚实地做所有的研究。不诚实或欺骗是科学研究的一大禁忌。

三、科学研究的目的

不同学科研究对象有所不同，但是其研究的目的是相同的，即描述、解释、预测和控制。

描述是科学研究的第一个目的，是通过对事物以及事物之间的关系的说明来达到对事物的初步认识。描述可以是具体的，也可以是抽象的。

解释是系统地分析某种现象或行为发生的原因。如果说描述回答“是什么”

的话，解释的目的则关注“为什么”的问题。只有找出现象产生的原因，才能理解和解释这种现象。

预测是科学研究的第三个目的，是对事物以后的发展变化或在特定的情景中的状态和反应所作出的推测。事物以及事物之间关系的描述和解释是进行预测的基础。

控制是通过操纵某一事物的决定因素或条件，以使该事物产生预期的改变。对事物发展的预测需要了解影响该事物发展的影响因素或决定因素，进而预测该事物所可能出现的情景。而控制则是要操纵某一事物的影响因素或决定因素，从而产生所希望获得的结果。研究者通常采用实验的方法来找出现象的原因。研究者可以在实验中做到对环境的严格控制，通过对自变量的操纵，以确定自变量的变化对因变量即研究者所感兴趣的变量的影响。

科学研究的四个目的不是平行的关系，而是层次递进的关系，前一个目标是后一个目标的前提和基础。正确客观的描述对是事物解释的基础，在合理解释事物或事物与事物之间关系的基础上才能进行准确的预测；进而，通过合理的解释和准确的预测才能达到合乎预期的控制。

第二节　科学理论的构建与检验

科学研究的目的在于通过收集或记录事实，构建出一套科学理论，并对理论进行检验。因此，构建或建立理论贯穿于整个科学研究活动。

一、科学理论及其特点

所谓理论（theory）是对某个研究领域提供完整、一致的描述并能对有关的全部事实进行系统解释的一套连贯的规范性陈述，并能允许研究者对尚未观察到的现象作出预测。它是对客观事物的本质属性和规律的开阔性说明。对于研究者来说，虽然掌握研究方法同样非常重要，但方法应该在理论的指导下进行选择。

根据上述的定义，科学理论表现出以下的特点：

1. 理论必须有内在一致性，并能够对已有的现象进行解释并预测即将发生的现象；

2. 理论具有可证伪性，所有的理论都是相对的客观真理，都是对现象进行解释的暂时的最好模型。

3. 理论是研究者对现实进行建构的产物，因此不可避免地受到研究者自身的各种背景所影响，研究者可以从多元文化视角进行考虑。

4. 理论的建构是一个过程。任何科学理论的建立都是在经验概括的基础上，通过假设检验的过程构建起来的。

理论在研究中的作用主要体现在，指导研究者提出研究问题和形成研究假设，在科学研究中，从理论进行预测是获得研究假设的主要来源，研究可以系统地从同一个理论中推导出不同的研究假设，然后一一加以验证；帮助研究者选取或发现适当的研究方法；为验证实验假设提供恰当的统计分析方法。

密特朗（Metron，1968）根据理论的抽象和概括程度不同，把理论分为宏大理论、中层理论和细微理论。宏大理论（grand theory）是指高度复杂、非常抽象的系统理论，它试图包括社会、组织和个人的所有方面。例如加尔文的进化论、马克思的阶级斗争理论以及精神分析理论等。中层理论（middle range theory）相对于宏大理论，是用来解释具有一定复杂程度的现象背后的法则。细微理论（trivial theory）也称为工作假设，是普通人在日常生活中建立起来的常识性的认识。宏大理论所涉及的概念最为抽象，细微理论则完全相反，涉及的概念最为具体，而中层理论则介于两者之间。

正如前面所述，一个好的理论能够促进相关的研究，从而带动理论的发展。瓦格纳和伯格（Wangner & Berger，1985）提出了关于理论发展的四种方法，即深化（elaboration）、繁衍（proliferation）、竞争（competition）和整合（integration）。深化是指研究者在已有的理论基础上增加了一些新的成分，使得原来的理论更全面、更突出、更精确和更严谨，从而增加了理论的解释力和预测力。繁衍是指研究者从其他领域的理论中借鉴某个或某些思想，将其应用到新领域中的现象上。竞争是指研究者针对某个已经完全建立起来的理论，提出新的理论，作出与原来的理论针锋相对的解释。新的理论以令人信服的证据展示原理论的重大缺陷，从而提出另外的解释，甚至替代原理论。整合是指研究者在两个或两个以上已经建立起来的理论的基础上创造一个新的理论模型，同时要证明新的理论怎样比原来的理论具有更强的解释力。

二、科学理论的构建与检验

构建理论是科学研究中最需要创意、最具有挑战性的心智活动。构建理论是一个周而复始的过程。构建理论认为，先要找到不相关的现象背后可能存在的共性以及形成这些现象背后关键性的共同因素，然后将观察过的经验规律变为具有逻辑性的理论，再通过研究设计收集相关的实证资料来对理论进行检验，进而对该理论进一步进行检验和修正。难怪波普尔曾说，不存在任何获得新思想的逻辑方法或逻辑改建过程，任何科学发现都包含非理性因素或“创造性的想象”。

康莺仪等提出科学理论构建与检验的四步法。四步法简单来讲就是指通过观察我们身边及周围世界所发生的事件来建构和验证理论；立足社会现实去发现这些事件中的关键共性，形成研究假设并通过实验来验证的方法。四步法只是构建与验证心理学理论方法的一个指南，而不是唯一的方法。根据其不同的研究主题，研究者可以选取不同的方式去形成其研究问题、分析理论、形成假设、选取方法、进行统计分析等。具体来讲，理论构建与验证过程可以分为以下四步。

1. 选择现象：现象是科学家感到疑惑，并去寻求答案的事件。对于构建理论来说，科学家是要寻找各种现象背后的共性和事物变化的规律。

2. 寻找关键共性：关键共性的存在表明不同的现象背后可能有共同的原因。找到各种现象背后的关键共性是构建理论的核心环节。能够对越多的现象进行解释，其理论的价值也就越高。

3. 抽象化（理论化）：通过抽象化将提取出来的关键共性转化为一般过程，通常用抽象的概念、参数或变量来定义这个过程。其目的是为了将解释的重点从特殊转化为一般以便将假定的过程同新的或已有的理论进行比较或对其验证。

4. 验证假设：在相关理论的基础上推导出研究假设对其后的结果进行验证。这个过程可以看做是抽象化的一个逆过程，从一般（抽象化）到具体（实验条件下变量实际的变化）。

总之，理论的建构需要耐心、创造力和意志力。一个好的理论为人类理解世界提供了新的方法，引导人们提出新的问题，促使人类开启新的富有成效的探索道路。

三、理论构建与检验过程中的归纳与演绎

归纳与演绎是两种不同的逻辑推理方法。归纳是从经验观察出发，通过对大量现象的观察，概括与抽象出具有普遍性和一般性的结论。而演绎是从一般原理或理论出发，通过逻辑推论来解释具体的现象或事件。因此，归纳是从特殊到一般、从个性到共性、从具体到抽象的过程，而演绎则相反。

单纯的归纳或单纯的演绎都有其局限性。归纳逻辑的局限在于，由一些个别或特殊的实例概括出的一般结论可能被未观察到的实例所推翻。再有，归纳是在一定的情景中对一些具体的、个别的事实现象的经验概括，因此也不可能逻辑地推论出一般原理。因此，归纳逻辑的主要作用在于发现经验事实之间的联系，而不是发现一般规律。演绎逻辑的局限是，由于演绎的大前提，也就是一般公理或原理有可能是错的，所以推论所形成的结论也可能是错的，这样结论就不能有效的解释具体的现象或事件。此外，单纯地依靠演绎不可能发现理论的错误。

事实上，在理论的构建与检验过程中，演绎逻辑和归纳逻辑是同时存在、相互重叠和交织在一起的。在理论的构建阶段，通过对大量现象的观察以及寻找关键共性需要归纳的逻辑思维，而在理论的检验阶段，从理论中推论出可以直接检验的假设的阶段，则需要演绎的逻辑思维。

图 1－1 为华莱士（Wallace）于 1971 年提出的社会科学研究的逻辑模型，也被称为研究的“科学环路”。图中的经验观察、经验概括、理论这几个阶段就是通过归纳逻辑所形成的理论的构建过程。同样，理论、假设、经验观察这几个

阶段就是通过演绎逻辑所形成的理论的验证过程。它表明了科学研究是一个从理论开始到新理论结束这样的周而复始、循环往复的过程。

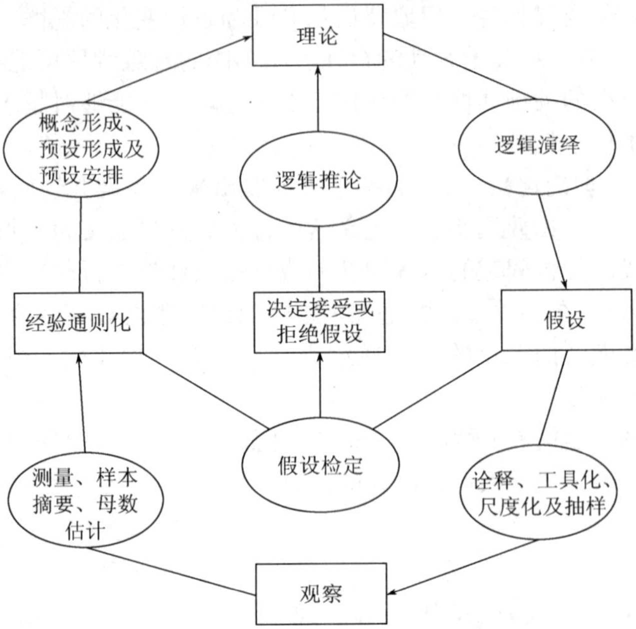

图 1－1

【建议参考资料】

1. 董奇. 心理与教育研究方法［M］. 北京：北京师范大学出版社，2004.

2. 袁方. 社会研究方法教程［M］. 北京：北京大学出版社，1997.

3. 陈晓萍，徐淑英，樊景立. 组织与管理研究的实证方法［M］. 北京：北京大学出版社，2008.

【问题与思考】

1. 简述科学方法的基本含义。
2. 简述科学理论构建和检验的基本步骤。
3. 简述归纳和演绎逻辑在科学研究中的作用。

第二章　心理学与科学

【本章提要】

心理学的研究特点体现为研究对象的复杂性、研究结果的概率性和研究方法的多样性。心理学研究遵循科学研究的基本过程，选择课题并提出假说、设计研究方案、搜集并整理分析资料和结果的解释。心理学也被称为多元范式的科学。在心理学中主要的研究范式有生物学范式、心理动力学范式、行为论范式、人本论范式和认知论范式。

【学习重点】

1. 了解心理学研究的特点。
2. 掌握心理学研究的基本范式。
3. 熟悉心理学研究的过程。

【重要术语】

范式　生物学范式　心理动力学范式　行为论范式　认知论范式　人本论范式

第一节　心理学的科学性

一提及科学，很多人首先想到的是自然科学（医学、化学、生物学等）。然而许多人会问，心理学是科学吗？“心理学的科学性在哪里”这个问题与任何一个想要学习心理学的学生都有关系。对这个问题的回答可以在研究者使用的方法中找到。正是科学方法的使用使心理学和相关的社会科学成为科学。

无论我们是否意识到，心理学得到了很多媒体的关注，我们现在随时随地都能看到有关心理学的消息。心理咨询、心理访谈等字眼频频出现在报纸、杂志、电视和互联网上。

为什么要学习心理学？人们对这个问题的回答可能多种多样。例如，有些人想通过心理学来了解自己和他人，如我的性格特征是怎样的；有些人想通过学习心理学来解决日常生活中的一些心理问题，如我们该如何缓解考试焦虑，如何改善我的人际关系；有些人想把心理学的知识应用到自己的工作领域中；还有一些人想揭示心理现象的奥秘。

对于心理学是否是科学的问题，显而易见，不是用一个简单的答案就可以回答的。目前心理学家对心理和行为的研究，与其他领域的科学研究遵循着同样的基本原则。心理学与其他学科的区别仅仅在于研究对象的不同，而研究方式是相同的。

一、心理学研究的特点

心理现象是脑的机能，同时也受社会文化背景的影响，因此，心理学研究既具有社会科学研究的特点，也具有自然科学研究的特征。

（一）心理学研究对象的复杂性

心理学既研究个体的心理现象，也研究群体的心理现象。一方面，心理学的研究对象具有高度的复杂性，心理现象既具有生物特性，也具有社会特性。另一方面，影响心理现象的因素也具有高度的复杂性。心理现象作为脑的机能，受到生理结构尤其是脑的结构和功能的影响，同时个体的个性特征、社会文化背景也都会对心理现象产生影响。因此心理现象的产生是从生理的微观水平到社会文化的宏观水平的多种层次、多种水平交互影响的结果，各种心理现象也会由于产生这些心理现象的事物所处的不同层次而表现出不同性质的特点，进而表现出心理学的研究对象的高度复杂性。

（二）心理学研究结果的概率性

由于心理学研究对象的复杂性以及影响因素的多样性，心理学研究大都在大样本的基础上通过统计推论得出结论，从而表现出研究结果的概率性，而不是绝对性。例如心理学的研究结论通常会用“总的来说，儿童观看暴力节目将会导致更多的攻击性行为”这样的表述，这个结论虽然描述了暴力节目导致更多的攻击性行为，但同时也表明了这种攻击性行为的表现只是一种概率性的。因为在观看了暴力节目后，可能会有95%以上的人会表现出攻击性行为，但是我们无法肯定所有的人都会表现出这种行为。同样，我们也无法确定同一个个体，在同样的条件下表现出攻击性行为，如果再次暴露在同样的条件下，是否一定表现出攻击性行为。而只能理解为在同样的条件下，表现出相同行为的可能性在95%以上。

（三）心理学研究方法的多样性

心理学是介于自然科学和社会科学之间的一门学科，具有自然科学和社会科学的研究特点。因此心理学研究的双重性决定了研究方法的多样性，无论是自然科学研究中常用的实验法，还是社会科学研究中的问卷法、调查法等都适用于心理学的研究。此外，心理学研究所特有的研究方法（如口头报告法），以及从其他学科中借鉴的方法（如计算机模拟法），都丰富了心理学的研究方法，促进了心理学的发展。

二、心理学研究的基本过程

一项完整的心理学研究一般包括下面五个步骤：1．选择课题并提出假说。也就是对将要研究的问题进行界定，包括问题是什么，前人已有哪些研究，存在哪些没有解决的问题；对于所提出的问题给予一种尝试性的解释，并由这种解释推论出某种可以被验证的假设。2．设计研究方案。选择什么样的研究方法来对假设进行检验。3．搜集资料。搜集与课题有关的数据和资料。4．整理与分析资料。5．解释结果。根据资料整理的结果做出支持或反对假设和理论的结论。

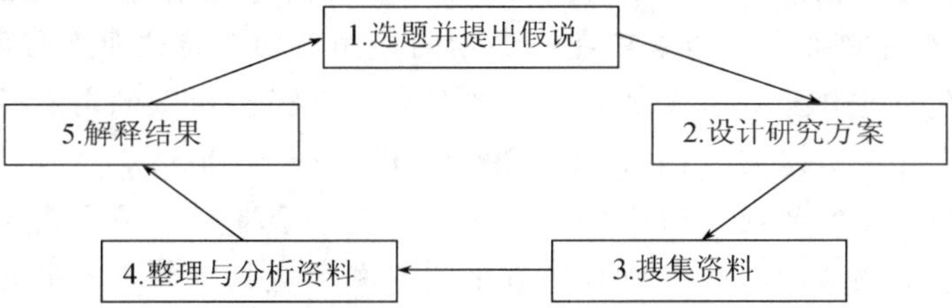

图 2－1　心理学研究的基本步骤（黄希庭，1991）

第一，在选择课题和提出假设阶段，研究者必须在系统的思考和查阅文献或做实际调查的基础上选择有价值的研究课题或理论。然后对相关的问题进行界定并推导出假设。假设是对问题进行尝试性解释的一种陈述，是一种可以被检验的推测，通过对假设的检验来对理论进行证实或证伪。在任何一项研究中，理论和假设对研究都具有导向作用。

第二，在设计研究方案阶段，研究者需要根据已有的科学方法摸索出一种可以证实假设的有效方法，并要决定如何去测定假设中涉及的现象，选择什么样的被试作为研究对象，如何控制或排除无关因素的干扰，研究实施的时间安排、物质条件，等等。总之，研究者必须全面考虑研究中的各种问题，设计出一个具有系统性的研究方案才能保证研究的顺利进行。

第三，设计好研究方案之后，研究者就进入搜集资料阶段。研究设计不同，搜集资料的方法也不相同。实验法和相关法通常通过数据来加以统计分析，问卷法或测量法多以问卷或量表的方式搜集资料，个案法和历史分析法则借助日记或书信等方式搜集资料。

第四，在整理和分析资料阶段，研究者需要对原始资料进行整理和分类，使之系统化和简约化。在资料分析过程中还需要利用统计手段，对数据进行系统的数学分析，以对数据进行有效的描述并对数据的意义进行推断。

第五，最后一个阶段包括解释结果以及检验假说两部分。研究者在对结果进行整理和分析的基础上，应该将研究结果与已知的事实或理论联系起来进行系统的解释，以说明研究结果对研究假设的证实情况，如果假设得到了证实，则进一步提高了理论的可信度，否则研究者可能就需要回到先前的研究阶段去修改自己的研究假设。

阅读资料

心理学和诺贝尔奖

每年，瑞典皇家科学协会都会把诺贝尔奖颁发给在各个领域作出杰出贡献的科学家。2002 年 10 月，丹尼尔·卡内曼（Daniel Kahneman）成为第一个获得诺贝尔奖的心理学家。他在直觉判断、人类推理和在不确定条件下的决策制订方面都作出了突出贡献。他的长期合作者阿莫斯·特沃斯基（Amos Tversky）因为对经济学理论的贡献而获得诺贝尔奖，卡内曼和经济学家弗农·史密斯（Vernon Smith）还因为用实验室实验来研究经济学问题而共同获得诺贝尔经济学奖。

尽管没有受过专业心理学训练，许多科学家也因为所做的与行为科学直接相关的研究而获得诺贝尔奖（Chernoff，2002；Pickren，2003）。这些科学家的贡献以及其他一些科学家的研究证明行为科学的广度和重要性。尽管没有诺贝尔心理学奖，但是各个领域的科学家所作的贡献都有利于我们理解人类的行为。

1904 年，生理学或医学类：巴甫洛夫因为所做的有关消化的研究而获得诺贝尔奖，他的这项研究对经典条件反射产生了深远的影响。

1961 年，生理学或医学类：物理学家盖欧尔格·冯·贝克西（Georg von bekesy）因为心理声学——声音知觉的研究获得诺贝尔奖。

1973 年，生理学或医学类：三个动物行为学家卡尔·冯·费里希（Karl von Frisch）、康拉德·劳伦兹（Konrad lorenz）和尼可拉斯·廷伯根（Nikolaas Tinbergen），第一次因为纯行为的研究而获得诺贝尔奖（Pickren，2003）。动物行为学是生物学的一个分支，通过观察有机体的行为来研究他们与周围环境的关系。

1978 年，经济学类：赫伯特·西蒙（Herbert A. Simon）因为在组织决策研究领域中的团体分裂研究而获得诺贝尔奖（MacCoun，2002；Pickren，2003）。卡内曼声称西蒙的研究对他在 2002 年获得诺贝尔奖的研究具有工具性的作用。

1981 年，生理学或医学类：动物学家罗杰·斯佩里（Roger W. Sperry）采用分裂脑技术证明大脑两半球的分工优势而获得诺贝尔奖。

第二节　心理学研究的基本范式

很多学生初学心理学时，都希望学到一套统一而又完整的心理学理论，利用该理论可以解释我们人类心理和行为的所有方面。但是抱有这种想法的学生往往会大失所望，因为他们在课堂上所学到的不是一套完整而统一的理论体系，而是许多不同的小理论或模型，这些小理论或模型只能解释心理或行为的某一个方面。

在心理学的课堂上，很多学生会发现同一个心理现象会有多种不同的理论解释。一个有多种答案的问题并不意味着每个答案都是对的。相反，这意味着心理学研究者有选择不同的科学研究范式的可能。每个研究范式都有它自己的一套哲学假设与原则，并且对于如何做研究也有它自己的立场。研究报告很少对这些研究取向作出清楚明确的交代，而且许多研究者对于这些研究范式也仅止于模糊的概念。然而，研究范式却扮演了一个重要的角色，在心理学以至于社会科学的各个领域以及相关的应用科学中，都能找到它们的踪迹。

范式指对理论与研究所持有的基本取向。这个概念最早由科学哲学家库恩（Kuhn，1962）提出。范式有许多个定义。一般而言，一个科学范式是指一整套思想体系，其中包括：基本假设、想要回答的重要问题或是想要解答的难题、使用的研究技术，以及什么是可靠的科学研究的范例。比较成熟的自然科学如物理、化学、生物学等都已经形成了比较统一的研究范式。而心理学迄今还没有形成一个统一的研究范式。因此心理学也被称为多元范式的科学。在心理学中主要的研究范式有生物学范式、心理动力学范式、行为论范式、认知论范式和人本论范式。因为没有任何一个范式是全能的，所以存在着数个范式，彼此相互竞争、僵持不下。

一、生物学范式

生物学范式（biological paradigm）从大脑、神经系统以及其他的生理过程的角度来探讨个体心理和行为的原因，认为个体的心理与行为在很大程度上都是神经细胞或神经细胞之间化学或电反应过程的结果，改变个体的生理结构或过程就能导致个体的心理和行为发生变化。

二、心理动力学范式

心理动力学范式（psychodynamic paradigm）认为与生俱来的本能和生理驱力是个体心理和行为的原因，而有机体的需要一旦得到满足，其驱力就降低，行为反应也就停止了。心理动力学范式最早由弗洛伊德所创立，但是他的理论统治时间并不长，就被他的学生进行了修正。而在今天的心理动力学范式中，仍保留了弗洛伊德思想的主要内容，例如强调内在动机、冲突和潜意识对人的心理和行为的影响。

三、行为论范式

行为论范式（behavioral paradigm）认为心理学应当研究客观的、可以直接进行观测和测量的外显行为，行为和行为习惯的形成是由人们所处的环境所决定的，强调外部奖励和惩罚的作用。

四、认知论范式

认知论范式（cognitive paradigm）认为人的行为就是信息加工的过程，通过信息加工的观点来研究知觉、注意、学习、记忆、思维、语言、决策与判断等心理过程，认为认知活动是个体行为的原因与结果，用信息加工的模型来研究心理过程才能充分了解心理与行为现象。

五、人本论范式

人本论范式（humanistic paradigm）认为个体都在积极努力追求自我的成长和发展，达到自我实现的目的，反对生物驱力、潜意识过程和环境决定论的观点，探寻人性积极的一面。在研究方法上，人本论范式通常采用现象学的内省法，通过内省的方法来了解人的整体主观意识经验。起初，人本主义者并没有强调心理学作为一门客观科学的性质，而在今天绝大多数的人本主义者虽然依然研究个体的自我感受和认识，但也开始像其他的心理学家一样，注重通过实验来检验自己的观点。

以对“愤怒”情绪的研究为例，我们来看看不同的研究范式是如何从不同的角度进行揭示的。生物学范式研究“愤怒”产生的大脑回路或神经递质。心理动力学范式则把愤怒看做无意识敌意的发泄。行为论范式则研究伴随愤怒情绪所表现出的面部表情或身体姿势，或者探寻在何种条件下导致了这种情绪反应。认知论范式则研究个体对周围环境的解释方式与愤怒情绪的关系，以及愤怒对其他认知过程的影响。人本论范式认为个体有能力自我调整好这种负性或不良情绪，并产生积极或愉快的情绪体验。

在不同的研究范式下，对于“愤怒”情绪研究的基本假设不同，所采取的方法也不相同，但是这些观点并不矛盾。相反，它们恰恰是对同一对象相互补充的看法。每一种观点都有自己的问题与局限性，同时也具有自己的优势。正如我们从各种不同的角度来观察一个三维立体的物体一样，虽然每一个观察的视角都是有用的，但是仅仅依靠一个视角是不可能看到物体的全景的。

大多数的研究者主要是在某个研究取向之下开展相关的研究工作，不过也有不少研究者同时结合其他研究取向的某些要素来从事研究。

【建议参考资料】

1. 黄希庭，张志杰. 心理学研究方法［M］. 北京：高等教育出版社，2005.
2. 董奇. 心理与教育研究方法［M］. 北京：北京师范大学出版社，2004.

【问题与思考】

1. 简述心理学的研究特点。
2. 简述心理学研究的基本步骤。
3. 心理学研究的主要范式有哪些？

第三章　实验法

【本章提要】

实验的进行依赖一套严谨的实验设计，实验设计由一系列用以检验科学假设的活动所组成，其中包括统计假设的建立，实验情境与条件的设定（由自变量决定），测量及实验控制的设定（因变量和控制变量决定），被试的选取以及结果的统计分析等。本章介绍心理学实验研究中的主要变量、真实验设计和准实验设计的基本模式。心理学实验研究的基本特征是对各种变量的操纵、控制、观察和比较。一个好的实验设计的关键在于其对变量的有效选择和操纵。心理学中的研究根据实验变量的控制程度可以分为非实验设计、准实验设计和真实验设计三类。真实验研究设计是相对准实验研究设计和非实验研究设计而言的，是实验类研究中条件控制最为严格的一种，是心理学研究中最常用的研究方法。准实验设计是进行真实验的前期研究，通过操纵环境中的变量来发现进行真实验设计的有效方法。

【学习重点】

1．了解心理学实验中的主要变量及其特点。

2．掌握实验设计的基本模式，能够根据自变量个数及其水平选择合适的实验模式。

3．熟悉变量的选择及其在实验设计中的分配和控制，熟悉各种真实验设计模式的优势和不足。

【重要术语】

自变量　因变量　控制变量　被试间设计　被试内设计　混合设计　准实验设计

实验研究是心理学研究中最重要的一种研究方法，科学研究的目的在于揭示所要研究的对象的本质和规律，找出解决问题的方法。心理学的研究与其他科学研究有共同的特点，研究基于一套理论框架，通过设计实验进行调查研究，以检验所假设理论的正确性；研究中需要设法排除某些无关变量或使其保持恒定，以便对感兴趣的特征及其影响因素进行重点观察与分析。实验设计的目的就是检验实验研究的假设，广义的实验设计包括如何进行科学研究的全部情况，基本涉及研究的全过程。本章所讲的实验法是狭义的实验设计，是指实验者为了实验目标进行实验研究的计划安排。通过实验研究可以检验一些研究者提出的理论，例如最佳的工作方式，也可以解释某些现实世界中事物的关系与各种现象，例如探究导致飞行员疏忽的因素。

真实验设计需要严密设计的实验程序，在严格控制的条件下（控制变量）对研究者所关心的因素（自变量）进行考查，在实验过程中研究者需要对操作产生变化的目标因素（因变量）进行现象的观察和记录，并对记录结果进行分析和解释。心理学研究不仅包括实验室研究，还包括教育与社会研究，真实验设计主要用于实验室研究中，但是在后者的研究范围内许多变量无法按照研究者的意愿进行操纵，因此心理学研究中除了真实验设计之外还有一些控制不十分严格的实验研究，即准实验设计。

本章所涉及的符号及其含义如下：

1. X：表示一种处理，即研究者操纵的实验变量（自变量）；在比较不同的实验处理时，以不同的下标来表示不同的实验处理，如 X_1、X_2、X_3。

2. O：表示处理前或后的一种观测或量度。

3. 自左向右：表示时间的次序或先后。

4. 同一横行的 X 或 O：表示 X 或 O 作用于同一组被试。

5. R：表示对被试进行随机化的选择和分配。

第一节　心理学中的变量

变量是心理学实验的基本特征，它决定实验需要设定什么样的条件，操纵环境发生变化，通过比较操纵前后的变化进行实验研究，所以实验研究的基本特征是对各种变量的操纵、控制、观察和比较。一个好的实验设计的关键在于其对变量的有效选择和操纵。根据实验研究中对变量的操纵和控制可以将心理学实验中的变量分为自变量、因变量和额外变量。

一、自变量

自变量即在实验中由实验者操纵并对被试的反应产生影响的变量，它由实验者选择和控制，决定着被试行为或心理的变化。在实验中，如果自变量水平的变化导致了行为变化，可以认为它是有效自变量。如果自变量操纵行为失败，需要检验实验假设是否正确、实验操纵是否有效以及因变量是否敏感等问题。很多因素能够影响人的心理与行为，其中可操作的因素可以选做实验中的自变量。心理学实验中的自变量大致可以分为以下三类。

（一）刺激特点自变量

刺激特点自变量是指实验中所呈现的会引起被试不同反应的刺激。不同特性的刺激会引起被试不同的反应，尤其是与被试任务相关的刺激。例如呈现给被试一系列字母串要求被试作出特定的反应，如果控制呈现刺激的某种特性如字母串包含字母的个数，它可能会影响被试的记忆和反应，这种变量叫做刺激特点自变量。研究字体大小对阅读速度的影响，控制阅读材料字体大小也是刺激特点自变量。

（二）环境特点自变量

被试执行实验任务的环境特性即环境特点自变量。改变实验环境的特性，如实验室的照明程度，环境中是否存在噪声等，可能会影响被试的反应。很多来自外部环境的刺激都会影响人的心理，这些外部环境刺激包括物理刺激和社会性刺激，一般来讲外部刺激易操作，作为自变量容易进行控制。例如研究照明条件对作业速度的影响，控制照明条件的不同水平即环境特点自变量。环境特点自变量可以根据特定的实验目的进行设置，如要研究噪声强度对注意的影响，可以设置不同的噪声强度水平，在各个水平上进行实验测验。

（三）被试特点自变量

被试自身的特性可能会影响实验结果，如被试的性别、年龄、健康状况、文化程度、人格特征等，这些变量为实验者所操纵即称为被试特点自变量。被试本身固有的特征自变量是实验者只能选择而不能改变的，只能进行测量，如性别、年龄等。有些被试特征变量实验者可以操纵，如内驱力强度可以用禁食时间加以操纵，这类自变量由实验操纵的外部刺激引起，并能影响被试的行为，这种自变量又称为暂时造成的被试差别自变量。研究者对造成被试差别的方法进行详细严格的定义，且所得结果也仅限于在此操作定义条件下适用。例如研究疲劳对被试反应时的影响，研究者可以要求被试专注于某种复杂任务一定的时间，以时间的长度来划分疲劳的水平。

在一个实验设计中，如果选用一个自变量，则该设计只能探讨一个自变量对行为的影响，称为单因素实验设计。每个自变量至少有两个水平，以便研究自变量的改变对心理与行为的影响。如果选用两个或两个以上自变量，则可以探讨多个自变量的影响及其交互作用，称为多因素实验设计。实验中自变量越多，对实验设计的控制要求越高，数据处理和结果分析的难度也相应增加。

二、因变量

因变量是被试的反应变量，是由于自变量的变化而产生的现象或结果，是实验者需要观察或测量的变量。在心理学实验中，实验者操纵自变量而引起的被试的某种特定的反应就是因变量，因变量的重要特征是可以进行观察和测量。

（一）因变量的分类

在心理学实验研究中，因变量的种类较多，对因变量的测量有多种指标，可以从客观和主观两方面进行分类。其中客观指标主要有反应的速度、准确率、反应潜伏期、测验分数、难度等。例如，测量走完一个迷津所需要的时间是速度指标，测量走迷宫入盲巷的次数是准确性指标。

因变量的主观指标主要是指被试的口头报告或记录，即被试在实验时对自己的心理活动进程所作的叙述性的记录，或者是在实验结束之后被试对实验者的提问进行回答。在心理学实验中，口头报告有助于实验者对被试的内部心理活动进行探析。

（二）因变量的基本条件

在一个实验研究中因变量的选择要立足于研究的理论假设，因变量的观测值要能够反映所要研究的问题。例如，要研究不同学习方式的记忆效果，需要确定记忆效果用什么指标来反映，在研究词汇学习的记忆效果时一般采用回忆正确的词汇数表示记忆成绩。从实验设计的角度，选择合适的因变量需要考虑该因变量的观测值是否能反映自变量的变化、观测的结果是否稳定可靠、观测值对自变量水平的变化是否敏感等问题，这是因变量应符合的基本条件。

1．有效性

一般而言如果不加控制，被试对刺激的反应是多种多样的。如果因变量的变化确实是由于自变量所引起，而不是由于其他的额外因素导致的，那么该因变量即有效因变量。如果因变量的变化是由其他额外因素引起，则因变量即无效因变量，或者说是发生了自变量混淆。

2．可靠性

可靠性是指因变量应当具有同一被试在相同的实验条件下得到相同或相近结果的特征，即心理学研究中良好的因变量应当在同样的实验情境中具有较高的一致性。

3．敏感性

如果自变量的变化可以引起因变量发生相应的变化，说明该因变量具有敏感性；如果自变量的变化不能引起因变量发生相应的变化，说明该因变量不敏感。因变量的敏感性可以衡量实验设计的有效性，如果因变量敏感，表明所设计的实验条件有效操纵了自变量并导致因变量发生了变化，说明该实验处理有效。

总之，如果实验选择的因变量不具备有效性、可靠性和敏感性的特征，则无法用实验结果所得的结论证实实验假设。

三、额外变量

在心理学研究中，不仅自变量与因变量有关，实验的其他条件也可能会影响到因变量，在实验设计中需要对实验条件保持恒定，或采取措施控制额外因素对因变量的影响，因此这类变量称为额外变量，由于实验中要对这些额外变量进行严格控制，因此这些变量也称为控制变量。

例如研究文章长度对儿童阅读理解的影响，该研究中自变量是文章的长度，因变量采用阅读理解分数为测量指标，该研究中的控制变量包括文章类型、文章的主题、句子的平均难度、生字的密度等，也包括实验进行的环境特点，如噪声水平、照明强度等，还包括被试自身的特点，如性别、年龄、知识水平等。在研究中，控制变量不能得到有效控制就会造成自变量的混淆，无法分辨阅读理解水平（因变量）的改变是由于自变量引起，还是由于其他的因素所导致。因此，额外变量的有效控制依赖于合理的实验设计和变量选择。

在心理学的实验设计中对额外变量的控制方法有多种，常用的有消除法、恒定法、匹配法、随机化法、抵消平衡法。消除法即对于有些可能影响被试心理或行为的因素，避免其在实验过程中出现。最常见的是在暗室或隔音室中进行实验，消除环境光线或环境噪声的影响。对于一些无法消除的额外变量，可以使其在实验过程中保持恒定，即保证其对所有被试的影响基本一致。例如研究被试对不同颜色刺激的反应时，刺激距离被试的距离是研究的额外变量，在实验过程中，保持刺激与被试间的距离恒定，即采用恒定法控制额外变量。匹配法需要首先对所有被试的有关因素进行初测，根据初测的结果来对被试进行匹配性分组。匹配法一般用于分组实验中，即为了消除被试组差异对实验结果的影响。例如测验某种记忆方法对记忆成绩的影响，在进行实验处理之前先对被试进行测验，根据测验成绩将被试匹配分组，每组被试测验的平均成绩相同或接近，目的是保证在进行实验处理之前各被试组的同质性。随机化法就是按照随机化的方法抽取和分配被试，或随机地编排实验。抵消平衡法是一种用于克服实验中的空间位置效应和时间效应的方法。

在心理学实验研究中应该做好对额外变量的控制，如果由于没有控制好这些额外变量而造成了因变量的变化，则这些未控制好的额外变量就与自变量发生了混淆。

第二节 真实验设计

心理学中的研究根据实验变量的控制程度可以分为非实验设计、准实验设计和真实验设计三类。非实验设计是对现象的观察和客观描述，为未来的研究提供原始资料。准实验设计是对环境中的无关变量采取一定的控制，通常可用于对不易随机抽样的被试进行研究。以上两种实验方法是进行严格控制的真实验之前的前期研究，往往通过观察记录和简单操纵环境中的变量来发现进行真实验设计的有效方法。心理学研究中的真实验设计是进行研究的重要手段，本节重点介绍真实验设计。真实验研究设计是相对准实验研究设计和非实验研究设计而言的，是实验类研究中条件控制最为严格的一种。根据如何分配被试到自变量的各水平条件中，真实验设计的基本模式可以分为被试间、被试内和混合实验设计三类。

一、被试间设计

在实验研究中如果将被试分配到不同的处理水平条件下，每种条件下的被试只接受一种水平的处理，这种情况称为被试间设计，这种设计的特点是每个被试（组）只接受一个自变量水平的处理。其基本做法是将被试随机分配到不同的自变量或自变量的不同水平上，各自独立地在不同的处理条件下接受因变量的测量。

（一）基本的设计模式

1. 单因素被试间设计

最简单的被试间设计是单变量两组设计，采用随机分配的方法将被试分为同质的两组，两个组在理论上完全相同，然后随机选择其中的一组作为实验组接受实验处理，另一组作为控制组不接受实验处理。在实验处理后，两组接受相同的后测，并对所获得的观测结果的差异进行比较，以推论实验处理的效果。这种设计的基本模式如下：

R_1	X	O_1
R_2		O_2

例如，研究某种灯光照明对工人工作效率的影响，从工厂随机选取 40 名工人，将工人随机分成两组，每组 20 人，随机选取一组被试为实验组在实验灯光照明环境中作业，另一组为控制组在普通灯光照明条件下作业，其他的环境因素两组间恒定相同，对工人工作的效率进行观测。每组被试只接受一种条件下的处理（实验条件、常规条件），两组之间的结果相互独立。

如果自变量存在多个处理水平，则被试间实验设计需要根据自变量的水平数将被试分组，保证每组只接受一种实验处理，设置控制组对照，其基本模式为：

R_1	X_1	O_1
R_2	X_2	O_2
R_3	X_3	O_3
…	…	…
R_n	X_n	O_n
R_{n+1}		O_{n+1}

例如，研究作业环境的照明强度对工人工作效率的影响，照明强度分为高、低、正常三个水平。从工厂随机选取 60 名工人，将工人随机分成三组，每组 20 人，随机选取一组被试为第一实验组，在高照明强度的环境中作业，随机选取另一组为第二实验组在低照明强度条件下作业，另外一组为控制组，在正常照明强度下作业，其他的环境因素三组间恒定相同，对工人工作的效率进行观测。该研

究中每组被试只接受一种条件下的处理，各组之间的结果也是相互独立的。

上述两种实验设计模式没有对被试进行实验前的测验，只是在实验处理之后进行测验。在有些研究中需要对实验处理前被试的基本情况进行前测，则可以修改上述设计模式，安排实验前测，基本模式如下：

R_1	O_1	X	O_2
R_2	O_3		O_4

例如，研究某种记忆方式对阅读材料的记忆效果，研究者随机选取 40 名被试并随机将被试分为实验组和控制组，每组 20 人。在施加实验处理之前先对两组被试的记忆成绩进行测验。然后对实验组被试进行实验记忆方式的训练，对控制组被试进行常规记忆方式的训练，训练结束之后两组被试同时接受后测测验，即测验被试对阅读材料的记忆成绩。用后测成绩减去前测成绩表示实验处理对记忆成绩的影响，对两组所得结果进行比较，推测该记忆方式对记忆效果是否存在影响。

实验研究中的前测可能对实验处理的结果存在影响，为了平衡和抵消前测对结果的影响，将“有无前测”作为一个变量纳入实验设计中。在实验设计中，将此变量所造成的变异量从总变异量中排除出去，以此来检验实验处理所产生的效果是否显著。这种方法是重迭实验设计，是由所罗门（R. L. Solomon）于 1949 年提出的一种具有两个实验组和两个控制组的随机设计，因此也称为所罗门四组实验设计，基本设计模式如下：

R_1	O_1	X	O_2
R_2	O_3		O_4
R_3		X	O_5
R_4			O_6

所罗门四组设计是心理和行为科学研究中一种理想的研究设计。此种设计在内部效度和外在效度方面均无缺点。但是，在研究过程中很难同时找到四组同质的被试。这也是所罗门四组设计应用的局限所在。因此，在研究的初级阶段一般不宜采用这种研究设计，只有在就实验假设作决定性检验的时候才考虑加以使用。

2. 多因素被试间设计

如果实验中存在多个自变量，则在实验设计中需要将这些自变量的各个水平进行组合，将被试随机分配到每种实验处理条件下，保证每组被试只接受一种实验条件的处理，各实验处理之间相互独立。以实验中存在两个自变量，每个自变量包含两个水平为例，这是最简单的多变量实验设计，将自变量各水平进行组合，构成四种实验处理条件，在实验中将被试随机分为四组，每组随机接受其中一种实验条件的处理。四种实验处理条件如下：

		Xb		
		Xb_1	Xb_2	
Xa	Xa_1	$O_1: O_{11}, O_{12} \cdots O_{1n}$	$O_2: O_{21}, O_{22} \cdots O_{2n}$	Oa_1
	Xa_2	$O_3: O_{31}, O_{32} \cdots O_{3n}$	$O_4: O_{41}, O_{42} \cdots O_{4n}$	Oa_2
		Ob_1	Ob_2	

例如，研究不同照明条件和噪声条件对工作效率的影响，照明条件为明、暗两水平，噪声条件为高、低两水平，两种因素组合成四种处理水平：明高、明低、暗高、暗低。从某工厂随机选取 80 名工人，随机将这些工人分为四个等组，每组随机接受一种实验处理，其他的环境因素各组间都一致。这种实验设计是把被试随机分成几组，每一组只参加一种条件下的实验处理，组与组之间的反应结果是独立的，不产生相互影响，这种设计模式是双变量被试间实验设计。

（二）组间差异控制

在被试间实验设计中，其关键是克服被试组之间的差异，即应当尽量保持实验各被试组之间的同质性，才能考查实验处理是否导致各被试组在有关变量上发生了差异。保持被试组间的同质性需要通过一定的控制措施来实现。

1. 匹配法

将被试按某一个或几个特征上水平的相同或相似加以配对，然后再把每一对中的每个被试随机分配到各个组别。这种控制方法是被试的匹配法，这样可以保证各组被试在这个或这几个特征上是同质的，因为各组中每个被试都是来自在这个或这几个特征上相同或相似的被试对。也可以对全部被试进行预备测验，测验的性质与正式实验类似或相关，然后按测验成绩均匀匹配地分组。匹配设计的优点是在实验处理之前将组间的差异缩到最小，组间差异比随机分配更接近相等，且匹配设计能对来源于被试的差异进行更多的控制。匹配设计的不足之处是使实验研究的被试分配环节工作量增大，耗费大量的精力，且匹配有时不能达到良好的效果，如匹配多个特性时可能会发生交互作用。

2. 随机化法

在被试间实验设计中也可以把被试随机地分配到不同的组内接受不同的自变量处理。采用这种随机法分配被试有一个默认的统计学前提，即各随机被试组在未经受不同处理之前是相等的，或存在统计允许限度以内的随机误差。采用随机化法分配被试可以达到控制各组之间被试差异的目的，操作简单可行。但是这种分组方法仍然不十分精密，且如果各组被试测验时间不同，有可能引入额外的混淆变量。

（三）被试间设计的评价

被试间实验设计的优点：采用随机选取和分配被试的方法形成两个或两个以上的等组，从而可以控制选择、被试消亡以及选择和成熟的交互作用等因素对实验结果的影响。被试间设计中可以设置控制组，并以各实验组与控制组的测验成绩的比较为依据，因此可以控制历史、成熟、仪器的使用等因素对实验结果的干扰。被试间实验设计的局限在于对实验中由被试自身特征导致的额外变量难以较好地控制。

二、被试内实验设计

被试内实验设计是将所有被试作为一组，接受自变量的各水平的处理，即所有被试要在实验自变量的所有处理水平上重复进行实验，每一个被试都接受所有的实验处理。被试内设计模式所有的被试都会接受每一水平自变量的影响，这种设计模式比被试间设计节约被试，并且控制了被试的差异，各种处理水平中不存在被试的个体差异对实验结果的影响。但是，被试内设计由于各组之间不是独立的，一种实验条件下的操作会影响被试另一种实验条件下的操作，因此存在不同实验处理之间的相互影响，实验处理的顺序会造成实验结果的误差。

（一）单因素被试内设计

只有一个自变量且对所有被试都施加处理，将实验处理前后的测验结果进行对比研究，这样的实验设计是单因素被试内设计，该设计模式如下：

$$O_1 \qquad X \qquad O_2$$

如果自变量存在两个水平，对所有被试先后施加两个水平的实验处理，则两种实验处理的先后顺序可能会与自变量发生混淆而影响实验结果。为了解决被试内实验设计中测验顺序造成的结果差异，可以采用 ABBA 设计模式。ABBA 设计模式适用于自变量包含两个水平的实验研究中，两自变量水平分别以 A、B 表示，被试按照 ABBA 的顺序接受四次实验测试。例如研究生字密度对被试阅读速度的影响，生字密度包括高、低两个水平，实验中所有被试都要接受相同文章的测验（包含两个生字密度水平），因此无论被试先接受高生字密度的文章测试，还是先接受低生字密度的文章测试，都有可能会发生测验顺序因素与自变量混淆，因此采用 ABBA 设计模式进行实验，以消除顺序误差。

当实验的自变量不止两个水平时，可以采用随机化的方法将实验处理以随机的顺序施加于被试。例如测验不同颜色的灯光刺激对选择反应时的影响，测验条件为红、绿、蓝、黄四种颜色的灯光，在实验过程中可以将四种刺激条件随机呈现给每一个被试，最后比较各种颜色刺激下所有被试选择反应时是否存在差异。

随机顺序法对于消除实验处理顺序可能带来的误差有一定的作用，但是当自变量存在三个及以上水平时，也可以采用拉丁方设计来平衡处理顺序的误差。例如，自变量存在三个水平 X_1、X_2、X_3，所有被试都接受九次处理，每种水平三次。被试接受实验处理顺序的拉丁方格如下：

X_1	X_2	X_3
X_2	X_3	X_1
X_3	X_1	X_2

在实验中研究者可以按照行或列的顺序对被试施加实验处理，也可以将上述顺序按行或列随机排列后再进行实验处理。

（二）多因素被试内设计

实验中包含两个或两个以上自变量，且所有被试要接受所有自变量水平组合的处理，这种实验设计即多因素被试内设计。多因素被试内设计不同于多因素被试间设计，多因素被试间设计中，一组被试只接受一种自变量水平组合条件的处理，而在多因素被试内设计中，被试要接受自变量水平组合全部条件的处理。这种设计模式虽然可以很好地控制来源于被试自身的误差，但是由于接受所有自变量水平组合的处理，因此实验时程较长，且该实验设计需要重复测量，容易引入练习效应等其他因素的混淆。

被试内实验设计共同的不足是容易引入实验处理顺序的误差。在多因素被试内设计中，平衡处理顺序误差的方法与单因素被试内设计中的方法一致，如果自变量包含两个水平，可以采用 ABBA 顺序，如果自变量包含三个及以上水平，可以采用随机化顺序，多个自变量水平的组合可以组合这两种平衡方法。

例如，研究对不同颜色的刺激物呈现时间长短，实验包括颜色和估计方式两个自变量，颜色自变量包含红、黄、蓝、绿四种水平，估计方式包括横线、圆圈两个水平。实验中给被试呈现某种颜色的刺激物，刺激物呈现的客观时距相等，被试可以通过画一条横线来表示他所估计时间的长度，短线代表短时距，长线代表长时距；也可以通过画圆表示他所估计时间的长度，面积小的圆代表短时距，面积大的圆代表长时距。在这个实验中有四种颜色的刺激物和二种表示方式，共有八种不同的实验处理组合。为了避免其他因素的混淆，这八种实验处理的施加顺序如下：

处理顺序	1	2	3	4	5	6	7	8	9	10	11	12	13	14	15	16
颜色	红	蓝	黄	绿	蓝	绿	红	黄	蓝	黄	绿	红	红	黄	绿	蓝
估计方式	L	L	L	L	C	C	C	C	C	C	C	C	L	L	L	L
处理顺序	17	18	19	20	21	22	23	24	25	26	27	28	29	30	31	32
颜色	黄	红	蓝	绿	绿	黄	蓝	红	绿	红	蓝	黄	红	蓝	绿	黄
估计方式	L	L	L	L	C	C	C	C	C	C	C	C	L	L	L	L

其中颜色的顺序是采用随机化的方法确定的，共分为八组，每组都包含全部四种颜色，每组中四种颜色的顺序采用随机化法进行安排，以便平衡颜色变量的顺序误差。估计方式变量是采用 ABBA 的方法来平衡顺序误差。在该设计中，颜

色变量和估计变量的顺序平衡是随机化法和 ABBA 平衡法的组合。

多因素被试内设计也可以采用拉丁方设计来平衡处理顺序可能造成的误差。例如因素 A 有两个水平，即 a1 和 a2，因素 B 有三个水平，即 b1、b2 和 b3，构成了 2 ×3 共 6 种实验处理的组合。如果采用拉丁方设计来控制处理顺序误差，则拉丁方格顺序如下：

Xa1b1	Xa1b2	Xa1b3	Xa2b1	Xa2b2	Xa2b3
Xa1b2	Xa1b3	Xa2b1	Xa2b2	Xa2b3	Xa1b1
Xa1b3	Xa2b1	Xa2b2	Xa2b3	Xa1b1	Xa1b2
Xa2b1	Xa2b2	Xa2b3	Xa1b1	Xa1b2	Xa1b3
Xa2b2	Xa2b3	Xa1b1	Xa1b2	Xa1b3	Xa2b1
Xa2b3	Xa1b1	Xa1b2	Xa1b3	Xa2b1	Xa2b2

在实验实施过程中还可以将标准拉丁方格的行随机或列随机排序，即随机拉丁方格。拉丁方设计的精确度较高，但是由于重复数与处理数必须相等，使得两者之间相互制约，缺乏伸缩性。因此，采用此类设计时实验的处理数不宜太多。

（三）被试内设计的评价

被试内实验设计的优点是：设计中所有被试接受全部的实验处理，节约被试人数，并且被试的个体差异在被试内设计中可以得到最好的控制，它比被试间实验设计模式能更好地剔除被试特点等因素，以便考查实验处理之间的差异。该实验设计的局限之处在于各实验处理之间偶然发生的事件对实验结果可能造成影响，可能会发生与时间和测验顺序相关的误差，如练习效应、疲劳效应等。

三、混合实验设计

在有些研究中，可以将被试随机分配到某些自变量的不同处理水平，而有些自变量的不同水平不能随机分配被试，需要分组进行研究，这种情况需要将被试间和被试内实验设计相结合以达到实验目的，这种实验设计模式即混合设计。一般来讲，如果一个自变量可能会影响其他的自变量，那么常将该自变量设为被试间变量，其他变量为被试内变量。在混合实验设计中，对实验中的被试内变量，每个被试接受所有的自变量水平或自变量水平组合的处理，对实验中的被试间变量，每个被试仅接受一种实验条件的处理。例如在一个 2 ×2 两因素混合设计中，A 因素是被试间变量，有 A_1、A_2 两个水平，B 因素是被试内变量，有 B_1、B_2 两个水平。实验中需将被试随机分为两组，一组被试接受 A_1 水平与 B 因素的所有水平组合条件的处理，即该组中每个被试接受 A_1B_1 和 A_1B_2 两种实验处理，另一组被试接受 A_2 水平与 B 因素的所有水平组合条件的处理，即接受 A_2B_1 和 A_2B_2 两种实验处理。

混合设计可以将被试间设计和被试内设计的特点结合起来，克服组间差异和顺序误差。例如，研究不同背诵方式对一系列意义上没有联系的三个英语单词为一组材料的背诵效果，背诵方式构成四种实验条件：数字条件、机械背诵、造句背诵和想象背诵。背诵次数分别为1，2，4，8，10次，每次背诵时间为2秒。在实验设计中将背诵方式设为被试间变量，将背诵次数设为被试内变量，并以随机顺序轮流进行五种不同次数的背诵。这种将被试间设计和被试内设计结合的实验设计模式就是混合设计，在这样的混合设计中将背诵方式设为被试内变量，避免了不同背诵方式之间的相互影响和混淆。

混合设计合并了被试间实验设计和被试内实验设计的优势，是最具有实用价值的实验设计。当然，混合设计也包含了被试间实验设计和被试内实验设计对测验结果统计和处理的难度，对结果的分析存在一定困难。

第三节　准实验设计

并非所有的问题都可以采用严格的实验控制进行研究，心理学的许多研究会由于现实问题或道德问题而无法将被试随机分配在实验处理条件下，也有时会由于多种原因无法对环境进行严格的控制，如课程教学的研究，这类研究无法在实验室中进行，必须到实际的真实环境中进行操作。在遇到这类情况时无法对实验进行精密的控制，这类实验设计模式即准实验设计。除此之外，当自变量不能进行实验操纵而只能根据测量结果进行取样和选择时也需要采用准实验设计模式。例如在研究智力高低影响学习成果的研究中，自变量智力水平无法采用实验手段进行控制，而只能对被试的智力水平进行测量，根据测验结果将被试分组进行研究。总之，准实验设计具有与真实验设计同样的研究思路，但是缺乏严格的实验控制。准实验设计与真实验设计的差别在于准实验设计未采用随机化程序将被试分配到各个实验条件下。

一、不等组前后测设计

（一）基本模式

在一些心理学的研究中被试群体不能随机选择，只能根据现实情况分成实验组和控制组进行前测和后测研究，这种情况下实验组和控制组的被试不是采用随机化的方法选取的，这类实验设计模式即不等组实验组控制组前后测设计。准实验设计不像真实验设计那样对实验有精确严谨的控制，它保留研究对象本身的现实情境，借用实验设计的某些方法来计划搜集资料、获得结果。准实验设计的主要特征是不对被试进行随机分组，往往使用现成群体作为处理组。实验组与控制组之间不等的程度越小越好，实验中应当尽量避免统计回归以及选样偏差与历史、成熟等所产生的交互作用等降低实验的内部效度。设计模式如下：

$$O_1 \quad X \quad O_2$$

$$O_3 \quad\quad\;\; O_4$$

例如，研究某种教学方式对学生学习效果的影响，选取某中学两个班级进行实验研究，选择其中一个班级为实验组，另一个班级为控制组，在进行实验教学方式之前先对两个班级的学生学业成绩进行前测，然后对实验组进行实验教学方式教学，控制组仍进行常规教学。由于班内学生不能随机分配，仍保持原班级为一组，所以两组的被试因未随机分配而不同质，该实验设计即为不等组实验组控制组前后测设计。

（二）实验结果分析

不等组前后测设计有几种可能的结果，如图 3 – 1 所示。在图 A 中前测时控制组的分数低于实验组，表明两组不同质，一般来讲在准实验设计中很难找到严格同质的控制组。两组被试在后测时的分数都有提高，但是实验组明显高于控制组。在现实情景的实验操纵中常常会观测到图 3 – 1A 中所描述的结果，在实验执行的时间段内，控制组被试由于学习或成熟也可能会有分数的提高。但是最终的结果是实验组分数提高的程度高于控制组，表明实验处理有效且提高了实验组被试的测验分数。如果实验处理无效，则得到的测验结果如图 3 – 1B 所示，在实验中两组被试后测与前测相比分数发生变化的程度相同，这种情况不能说明后测分数比前测分数提高是由于实验处理的作用，因为控制组的结果表明其他因素（如成熟等）的影响也同样会导致测验分数发生相应的变化。

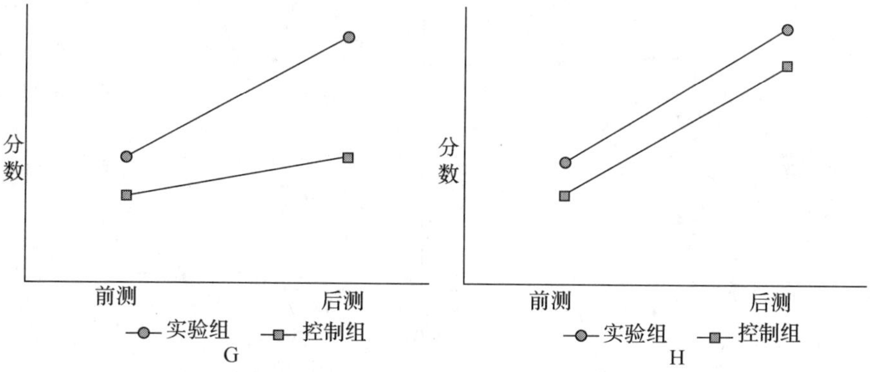

图 3 – 1　不等组前后测设计可能的结果

图 3 – 1B 反映了典型的时间效应，在所有涉及被试的心理学研究中都很难避免时间效应问题，即随着时间的推移，被试会由于个体自身的成熟或其他因素的变化而发生心理或行为的变化。控制组的分数可能在前测时高于实验组，也可能二者相等，实验处理的目的是使实验组的分数比控制组有明显的提高或降低。

二、时间序列设计

（一）基本模式

时间序列设计是在实验处理前，每隔一定时间施加一次前测，即施予同一组若干次的测验，得到 O_1、O_2、O_3、O_4，然后再接受实验处理，实验处理完毕再按照已定的时间间隔进行若干次后测得到 O_5、O_6、O_7、O_8。基本模式如下：

$$O_1 \quad O_2 \quad O_3 \quad O_4 \quad X \quad O_5 \quad O_6 \quad O_7 \quad O_8$$

一般的时间序列设计包含一个被试组，并且需要对因变量进行三次或三次以上的测量，时间序列设计的特色是对于某个测量指标进行周期性的追踪测量，以了解该指标的变化情况。如果在一个完整的时间序列中插入一个实验处理 X，再对整个时间趋势的变化进行观测，这种设计模式又称做中断性时间序列设计。

（二）实验结果分析

在时间序列实验设计中，通常是观测引进实验处理前后测量结果的变化趋势，从而推断实验处理是否产生效果。图 3－2 是时间序列设计的一种假设数据的结果。在引入实验处理之后的若干次测验分数都高于实验处理之前的分数，这种模式的数据结果表明实验处理导致了测验分数发生差异。次数及相隔时间由研究者根据实验需求确定，以能有足够的重测次数进行研究和能够看出可能发生的变化为原则。隔一定时间重复测量的目的在于看出变化的趋势，以便对研究作出评价和排除不利于效度的因素。需要注意的是，时间序列设计的结果由测验分数的总体趋势来推断，而不是依据某一段的局部特征来进行推断。

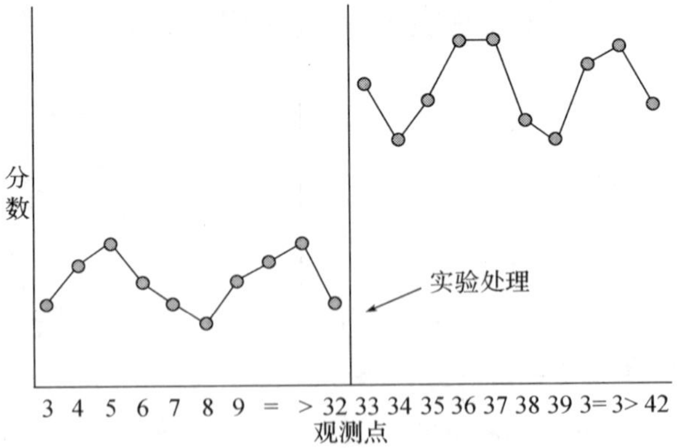

图 3－2　时间序列设计可能的实验结果

三、多重时间序列设计

（一）基本模式

如果在时间序列设计中引入控制组，对控制组被试不施加实验处理，则可以变成实验组控制组时间序列设计。其基本模式如下：

$$O_1 \quad O_2 \quad O_3 \quad O_4 \quad X \quad O_5 \quad O_6 \quad O_7 \quad O_8$$
$$O_9 \quad O_{10} \quad O_{11} \quad O_{12} \quad O_{13} \quad O_{14} \quad O_{15} \quad O_{16}$$

在准实验设计中对控制组被试不能随机选取，实验组和控制组为非等组被试，因此多重时间序列设计也称为不同质实验组控制组时间序列设计。与时间序列设计类似，对两组被试每隔一定的时间都进行一系列的前测，然后对实验组施加实验处理，控制组不施加，实验处理结束后再按照已定的时间间隔对两组被试分别进行若干次后测。多重时间序列设计比单组时间序列设计的效度高，其结果不仅能够反映是否是实验处理导致了实验结果，而且能够表明实验结果是实验处理施加之后才出现的，不是其他因素影响的结果。这种设计在一定程度上能够排除个体和环境中的混淆因素。

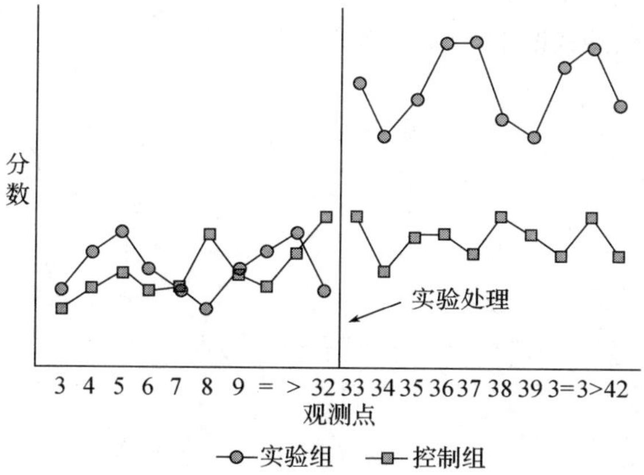

图 3－3　多重时间序列设计可能的结果

（二）实验结果分析

图 3－3 描述的是一种假设的实验处理效应，随着时间的推移，两组的测验分数都有变化，控制组的测验分数在整体时间序列上有逐渐提高的趋势，出现这种趋势可能是由于测验、工具或被试成熟等因素的影响。对实验组被试施加实验处理之后，测验分数明显高于处理之前，并且也明显高于控制组的后测分数，表明实验处理有效，对被试的行为反应有作用。

两组不同的被试样本是降低实验信度的一个可能因素。被试的流失和两组被试的混淆可能会影响实验结果。对于时间序列设计而言，在实验进行的时间段之内，研究者无法控制实验组被试与控制组被试保持隔离，因此控制组被试也可能会接触到实验处理，造成对实验结果的影响。

【建议参考资料】

1. 黄希庭，张志杰. 心理学研究方法［M］. 北京：高等教育出版社，2005.

2. 郭秀艳. 实验心理学［M］. 北京：人民教育出版社，2004.

3. 朱滢. 实验心理学［M］. 北京：北京大学出版社，2000.

4. 舒华. 心理与教育研究中的多因素实验设计［M］. 北京：北京师范大学出版社，1994.

【问题与思考】

1. 自变量有哪些分类?
2. 因变量需要符合哪些基本条件?
3. 真实验设计有哪些基本的实验模式?
4. 被试内实验设计采用哪些方法排除实验处理顺序带来的误差?
5. 自变量应该设置几个水平?
6. 试采用混合设计模式设计一个多因素的实验。

第四章　调查法

【本章提要】

调查法是心理学研究中最常用的方法。调查法因其独特的形式及心理学本身研究对象的特殊性而在心理学研究方法中独领风骚。调查法的目的是了解个体对自己的认识和自己对生存状况的评估。研究者通过调查法可以做到对个体认知、情感的了解，并且可以对个体的行为作出一定程度的预测。本章通过介绍调查法在心理学研究中的分类和应用，旨在使心理学或非心理学专业的研究者对调查法有一个全面的、正确的了解和认识，并且可以为研究者作一些基本的指导。本章重点介绍了调查法中的问卷法和访谈法，分别介绍了问卷法和访谈法的含义、特点及其类型，详细介绍了问卷法和访谈法的设计及其实施过程，并且对这两种方法给出了全面且客观的评价。

【学习重点】

1. 了解调查法的目的、类型及其职业道德问题，能够对调查法有一个全面且正确的认识。

2. 掌握问卷法和访谈法的定义、特点及其类型，重点要理解且掌握问卷法和访谈法的设计及其实施的过程，同时也要知道在设计及实施过程中应该注意的一些细节。

3. 熟悉问卷法和访谈法的具体操作流程，注意二者的区别及相似性；熟悉问卷法和访谈法中的一些技巧，尤其是访谈时的谈话方式；同时也要熟悉问卷法和访谈法的优势和不足。

【重要术语】

调查法　访谈法　问卷法　结构访谈　非结构访谈　直接访谈　间接访谈　个别访谈　集体访谈　封闭式问卷　开放式问卷　自填问卷　访问问卷

第一节　调查法概述

一、调查法的定义

调查法是一种从人群中收集数据进行描述或预测的方法。调查可以用来收集以全国人口为整体的信息（如 10 年一次的美国人口普查）或者估计一群消费者对某种产品的反应。调查可以通过问卷的形式或访谈的形式进行。收集到的数据可以保存为档案，其他研究者可以根据研究目的对数据进行分析（周晓琳，2006）。

二、调查法的目的

调查研究的目的很多，包括辅助决策、评估当前政策或措施的有效性、为某个研究项目提供信息。当然，研究人员还有其他获取信息的方法，如仅仅观察获得信息。但是假如所需的信息不是可以观察的行为，该怎么办呢？换句话说，研究者可以很简单地观察到行为，但对以态度为形式的信息却无能为力。我们无法观察人的态度、观点或信念，但是我们可以通过调查去了解人的态度、观点或信念（周晓琳，2006）。

三、调查法的类型

常用的调查法有问卷法和访谈法，这两种方法是心理学研究中运用最为广泛的。问卷法是包含针对研究目的的条目式的调查。问卷可以单独回答，也可以在调查者的安排下成组进行。调查者的工作是解释调查的目的、回答关于调查条目和程序的问题、保证调查程序正确进行。问卷法的局限在于题目被预先定好了，被试不能自由地表达自己的想法。

访谈法与问卷法有很多相似的地方，因为它也可以包含一套题目，以获取调查者需要的信息。但是，通过访谈，调查者可以听取被访谈者的解释，观察被访谈者的反应，这些都是问卷法难以做到的。通过访谈法我们可以了解到人们的态度、看法、感受和意见，从而对他们的各种心理特征和活动进行研究。

四、职业道德问题

每个行业都有自己的职业道德，心理学当然也不例外。在调查的过程中，被调查者常常不希望别人知道他们的身份，如果不能保证被调查者的个人隐私问题，那么调查者常常得不到真实可靠的信息。那么在调查中，究竟该如何确保被调查者的个人信息是属于私密且安全的呢？匿名和保密就成为调查者常常选用的两种方法。匿名法一般会用在问卷法当中，被调查者常常可以将作答后的问卷以邮寄的方式或是电子邮件的方式等回复给调查者，也可以是现场作答然后回收问卷，因为只要信封和问卷上没有识别信息，便无人知道被调查者是谁。

访谈法因其操作特点，无法做到匿名。保密便成了保护被调查者权益更为常用的方法。在保密的情况下，调查者能将被调查者的应答内容与被调查者本人一一对应起来，但是他不能将这些信息提供给其他人。一般来说，研究者对被调查者作出保密的承诺，将被调查者的应答材料妥善保存，仅公布集中起来的数据。

总的来说，研究者倾向于采取保密而不是匿名的方法，因为他们往往需要知道作答的个体是否是他所感兴趣的人。在任何情况下，无论研究者向被调查者作出怎样的保密承诺，研究者应该采用恰当的程序来兑现这个承诺（周晓琳，2006）。

第二节　问卷法

问卷法是心理学研究中常用的收集资料的方法之一。由于心理学研究对象的特殊及问卷法自身的不断完善，目前问卷法在心理学研究中已经逐渐占据了非常重要的地位，在揭示个体的心理活动规律中发挥着重要的作用。

一、问卷法的含义及特点

问卷法是研究者用统一、严格设计的问卷来收集研究对象有关的心理特征和行为数据资料的一种研究方法。问卷是由 questionnaire 这个词翻译而来，它的原意是“一组问题”（a set of questions）或“问题的集合”（a collection of questions）。因此问卷的形式是一份精心设计的问题表格，用来研究人们的心理特征、行为和态度等。调查者可以根据需要用邮寄、个别分送或是集体分发等多种方式发送问卷，由被调查者按照问题表格所问来填写答案。当然，在用问卷法收集数据资料时，有时也可以根据被调查者的口头回答来填写问卷，并在回答完问卷内容时，要求被调查者作出某些说明、补充或建议。

问卷法最大的特点是统一性，它的标准化程度较高，是严格按照要求统一设计和固定结构的问卷进行的研究。就整个问卷法的研究过程来说，问卷的设计、问题的选择、问卷法的实施及问卷结果的处理和分析等都严格按照一定的原则和要求来进行，从而保证了问卷法的科学性、准确性和有效性，避免了研究的盲目性和主观性。问卷法的另一个重要特点是速效性，它能在较短的时间内收集到大量的资料，且由于被调查者是根据统一的问卷要求回答问题，因此收集到的资料也便于进行定量处理和分析，同时也可以借助计算机进行处理和分析。因此当调查者由于某些客观条件无法使用其他方法，或需快速收集资料得到结果时，问卷法都是调查者首先选择的基本调查方法之一。

问卷法在心理学研究中有着非常重要的作用，且有其特殊的意义，我们不应该因为一些人的误用或滥用而去质疑它的科学性和价值。也正是由于目前有很多心理学研究者或是非专业研究者在使用问卷法时未能严格地、科学地设计问卷，而是根据主观需要随意编造问卷题目，使很多研究者降低了对问卷法的信任，因此我们必须学习和掌握问卷法的设计和使用方面的知识和原则，严格按照科学的原则去设计问卷，更要严格控制问卷的使用及问卷结果的处理，以保证其科学性、客观性，充分发挥问卷法在心理学研究中的重要作用。

二、问卷法的类型

(一) 封闭式问卷与开放式问卷

根据问卷中问题的结构，可将调查问卷分为封闭式问卷与开放式问卷。

在封闭式问卷中，被试只需要从预先给定的答案中根据自己的情况选择一个或几个合适的答案。封闭式问卷的优点主要体现在：回答是标准化的，便于计分和统计分析；由于提供了备择答案，被试不大可能感到困扰而不答或答“不知道”；回答简便，不需花太多的时间来思考，不需要较高的撰写技能。封闭式问卷的缺点是：易产生不可信的回答，特别是被试有急事或烦恼时；答案是固定的，因此难以发现被试回答上的细微差异；回答者可能会因对提供的答案不满或不同意而拒答。

开放式问卷中，问题虽然是统一的，但并没有预先给定可供选择的答案，而是让被试根据自己的情况自由回答。开放式问卷的优点是：不受所提供答案范围的限制，被试可以独立地、自由地发表看法；适合于研究者对不了解的问题进行探索性的研究；便于赢得被试的合作，他们会把答卷看成是自己的自我表达和一种创造的机会；对那些较复杂问题，开放式问卷更可取。开放式问卷的缺点是：由于自由作答，可能产生无价值或不相干的资料；各个被试的回答是非标准化的，难以进行对比和统计分析；被试需要有更高语言表达能力来回答问卷，仅适用于教育水平较高的被试。

开放式问卷主要用于探索性研究。正式问卷通常以封闭式问卷为主。考虑到两者的优缺点，在正式问卷中如果在重要问题上加上几个开放式问题，其效果将更好。为了不让被试发挥太多，开放式问题后面的空白，不要预留得太多。在实际的问卷调查中，研究者往往根据研究目的的不同来选用封闭式或开放式或两者的结合。例如，在探索性调查研究阶段通常采用开放式的问题，而在正式调查研究阶段主要采用封闭式问题。

(二) 自填问卷和访问问卷

根据使用方式或填答方式的不同可以将问卷分为自填问卷和访问问卷。自填问卷是由被试本人填写的问卷。而自填问卷又根据发送到被试手中的方式不同分为邮寄问卷和发送问卷。其中，邮寄问卷是通过邮局寄发给被试，被试填写完成后，再通过邮局寄回给研究者。发放问卷则是由研究者或其他人将问卷送到被试手中，被试填写完后再由研究者或其他人逐一收回。这种自填问卷的优点是可以在较短的时间内收集到大量的资料，并且由于被试在填写问卷的时候不会受到其他人员在场时可能产生的干扰，所收集资料的可靠性更高。同时，由于研究者不在现场，无法控制被试的作答过程，如被试与他人对问题的讨论等，可能会影响到研究的效度。

三、问卷的基本结构

（一）问卷的标题

问卷的标题也就是问卷的名称或题目，通常置于问卷的起首位置。被试根据问卷的标题，就可以了解到问卷的性质或目的，所以问卷的标题对于了解问卷具有重要的作用。常见的问卷的标题有“中学生学习策略问卷调查”、“公务员英语学习需要问卷调查”等。有时候也常常把“问卷”称为“调查表”，事实上，这两者是通用的，如“大学生就业调查表”、“中国人婚姻质量调查表”等。问卷的标题最好能呈现调查或研究的对象，如前面“中学生”、“中国人”等。但是在某些情况下，研究主题涉及一些比较敏感或个人隐私的内容，为了避免被试对研究主题的防御作用而产生拒绝回答的现象，这时候可将这些敏感的话题改用较中性的词语来表示，如将“中学生早恋行为调查问卷”改为“中学生生活经验调查问卷”。

（二）指导语

指导语是问卷结构中必不可少的部分，其作用在于向被试说明与解释问卷的性质、目的以及作答方式。指导语对于问卷的作用就如同仪器的使用说明书。指导语根据说明的内容不同，可分为两个部分。第一部分是说明问卷的性质与目的，通常置于问卷标题的下方与问卷的内容之前，这一部分通常包括致谢语、为被试保密语以及问卷的编制者相关信息。例如，

你好：

我们是河北师范大学心理学专业的科研人员。欢迎参加此次有关个人学习方面的调查活动，请你将自己的实际想法、做法与题目所陈述的情况相对照，然后选择一个与自己的实际最接近的答案。认真回答将会使你更了解自己的学习状况，有利于你今后的学习，如果不按自己的实际情况回答，那么这项调查对你是没有意义的。你的回答不会记入任何档案，我们会为你保密，谢谢你的合作。

河北师范大学教育学院心理系

第二部分指导语说明作答的方式，通常置于每一类问卷内容之间。如果只有一种类型的话，这一部分的指导语也可以置于第一部分指导语中。例如：

请将你感觉最合适的答案代号写在题后的（　）中，注意每题仅能填写一个答案。

下面是人们常用的一些学习策略，请根据数字所代表的意思，选择其中一个填在每个句末的括号中，所选数字一定要如实反应你的学习情况。

1 = 一点也不符合我的情况　2 = 有时不符合　3 = 有时符合　4 = 经常符合　5 = 非常符合

除了老师布置的作业外，我有自己的英语学习计划。（　）

总之，问卷中一切可能使被试不清楚、难理解的地方，都应该给予必要的说

明和指导，而对于指导语的编写者来说，就是尽可能编写简明易懂的指导语。

（三）问题与答案

问题与答案是问卷的主要内容，也是问卷设计的主题。对于研究对象的特征、行为和态度等资料基本上是基于问题和答案来收集的。问卷中的问题在形式上可分为开放式问题和封闭式问题两类；在内容上可分为有关事实的、有关态度的和有关个人背景的三类。

在问题的形式上，所谓开放式问题，就是要求被试根据自己的情况和感受来自由回答的问题。例如：

你对你目前的就业状况感到满意吗？

请谈谈你对心理学的认识。

所谓封闭式问题就是每个问题给出若干个可能的答案，被试可以根据自己的实际情况从中选择一个作为答案。例如：

你对你目前的就业状况感到满意吗？

非常满意（ ） 满意（ ） 无所谓（ ） 不满意（ ） 非常不满意（ ）

你对自己的专业感到满意吗？ 是（ ） 否（ ）

在问题的内容上主要涉及三个方面的内容：有关实际行为方面的问题，如“你参加过志愿者活动吗”；还有有关态度和看法的问题，如“你对你这次的演讲满意吗”；最后就是有关个人背景的问题，如要求被试填写有关年龄、性别、职业、文化程度等人口统计学资料。

（四）其他资料

除了上述的内容外，问卷还包括一些有关的资料，如问卷的名称、编号、问卷发放及收回日期、问题的预编码等。

四、问卷法的设计

（一）问卷调查目的的确定

一般来讲，问卷调查的目的包括两个方面。一方面是研究者利用问卷来收集资料。研究目的只是为了从总体上了解和描述研究对象某些方面的现状和特征，因此在问卷设计中要尽可能全面地收集有关研究对象这些方面的客观事实。以风笑天编制的武汉市居民生活质量调查问卷为例，该问卷的调查目的是了解武汉市居民日常生活中存在的困难和问题。该问卷调查的内容包括了个人及家庭特征、居住概况、邻里关系、交通状况、家庭生活等五项内容，所涉及的内容基本上涵盖居民生活的方方面面。另一方面，研究者进行调查的目的是要对某种心理或行为现象作出解释，即要探讨心理现象之间的相关性或因果关系，那么，所要收集的资料必须是验证某种理论或假设的经验事实。

（二）问题与答案的设计

研究目的是问卷设计的核心，它决定着问卷的内容和形式。问题与答案是问卷调查设计中的核心问题。

1. 无结构式问卷设计

无结构式问卷设计，也称开放式问卷设计，就是不为被试提供可供选择的答案，让被试用自己的理解和语言来回答问题。例如：

在选择伴侣时，你最看重哪些因素？最不看重哪些因素？

你与你父母相处得怎样？

你对你自己所学的专业是怎样认识的？

2. 结构式问卷设计

结构式问卷设计，也称封闭式问卷设计，研究者在给出问题的同时，还提供若干个可供选择的答案，要求被试从中作出选择。结构式问卷设计的问题与答案一般可以采用以下几种方式。

(1) 选择式 (choice method)，即要求被试从两个或三个（多个）备择的答案中选择出最符合自己想法的一项；这些项目必须是互相排斥（只能选一个）并且详尽无遗（每个被试都能回答）。例如：

如果让你在读研和一份理想的工作中间作出选择，你会选择：

读研（　）　接受这份工作（　）　现在还不好说（　）

(2) 查核式 (checking method)，即让被试从一群答案中把符合自己想法的答案都选出来。例如：

你在选择工作时通常会考虑哪些因素？

工作地点（　）　领导风格（　）　自己的发展空间（　）　薪酬（　）

(3) 是或否式 (yes-or-no method)，即让被试以是或否、赞成或反对，对问题作出回答。例如：

你对自己的生活感到满意吗？　是（　）　否（　）

(4) 等级量表式，也叫评比量表式、李克特量表式或点式量表，即将备择答案按一定的标准列出若干个等级，让被试从中作出一个选择。例如：

很重要　重要　无所谓　不重要　很不重要

等级量表式的一种变式是，将答案列成一个连续体，仅在两端上标记号。等级的划分不能太少，也不能太多。太少缺乏区分度；太多令人无法回答。另一变式是，一个问题后面，给出一些答案，要求以一定的标准排列次序，例如罗基奇 (Rokeach) 的价值观问卷，要求被试对所列出的诸如求知的需要、归属的需要、权力的需要等 18 种需要，根据其对自己的重要性，最重要的填 1，次重要的填 2，再次重要的填 3，以此类推，一直将 18 种需要的重要性都排出顺序号码。

(5) 等距量表式，即一个问题后面给出定距排列的若干答案，让被试从中选择一个。例如，年龄以 5 年或 10 年为一级 0—4/5—9/10—14 或 0—9/10—19/20—29。等距量表的答案按一般定义是连续的而不是离散的，答案种类过多往往在一个封闭式问题中容纳不下，因而被试往往选择组距两极端的。

（6）对偶比较法（method of paired comparison），即问卷中提出的项目，两个成一组，让被试按一定标准（如喜欢与讨厌或赞成与否等）进行比较，所有的各对项目都要进行比较（当然对题项的设计应当是简单、明确、易数量化的）。例如：

请问在你选择考研时是抱有什么样的目的呢？就下面列出的两种意见组合逐对进行比较，并在符合你心情的项目上划“√”；不能肯定时，就什么也不写。

为了逃避找工作－　－　－　－有明确的目标，为了找到适合的工作

为了更高的学历－　－　－　－为了培养高尚的品格

（7）语义差别量表，即用一系列描述所研究事物的互为反义的形容词来测试被调查者的态度。例如：

你对整容的看法如何，请在下面每条虚线上的适当位置做个记号。

	1	2	3	4	5	6	7	
正常的	－	－	－	－	－	－	－	不正常的
安全的	－	－	－	－	－	－	－	危险的
贵的	－	－	－	－	－	－	－	不贵的
赞成的	－	－	－	－	－	－	－	反对的
好的	－	－	－	－	－	－	－	坏的
有吸引力的	－	－	－	－	－	－	－	无吸引力的
能接受的	－	－	－	－	－	－	－	不能接受的
进步的	－	－	－	－	－	－	－	倒退的
健康的	－	－	－	－	－	－	－	不健康的

采用语义法可以评价一个事物在不同维度上的得分，即可以发现事物在哪些方面是优点，哪些方面是缺点，其统计方法同于评比法。

3. 问题的顺序排列

问题的排列顺序影响被试的作答动机及反应。一般来讲，问卷中问题的顺序遵循以下几个方面的原则。

（1）敏感性或隐私性的问题尽量放在后面，放在前面易引起敌对、拒答。

（2）一般性的问题或容易回答的问题放在前面，特殊性问题或不易回答的问题应放在后面。由于特殊性问题或不易回答的问题费时，放在前面，令人望而生畏而导致拒答。

（3）对后面有启发意义的问题，可以放在前面，但要防止产生反应定势。

（4）对于时间顺序的问题，应按时间序列依次排列，以免被试的记忆受到干扰。

（5）有时候为了避免影响被试的情绪，可以将个人基本资料的填写放在问

卷的最后。

五、问卷法的实施

实施问卷的一般程序包括：被试的选取、分发及回收问卷和分析问卷及结果处理（董奇，2004）。

（一）被试的选取

被试的选取通常用抽样的方法。抽样的方法很多，可以是简单随机抽样，也可以是分层随机抽样，具体采用何种方法应该视具体情况而定。

由于心理学研究对象的特殊性及问卷法本身的局限性，问卷的回收率和有效率都不可能达到 100%，因此在选取被试的时候，选取的被试应该多于所需的研究对象。但是也不能随意地多选取被试。具体的需要可以根据调查者对问卷回收率和有效率的判断作出更加具体的预计。

（二）分发与回收问卷

问卷的分发通常有三种方式：1. 调查者（或派专人）将问卷送到被调查者的手中，待被调查者填完后，再由调查者（或派专人）逐一收回。如果组织好，这种方式通常会取得很高的回收率。2. 调查者按照统一设计的问卷向被调查者当面提出问题，然后将被调查者的回答填在问卷中，是一对一的方式。这种方式是回收率最高的一种方法，通常可以达到 100%。3. 调查者通过邮局或电子邮件将问卷发送给被调查者，要求被调查者按照要求填写问卷，并在规定的期限内将问卷通过邮局或电子邮件回复给调查者。由于这种方式的整个过程都是处于低控制的情况下，因此其回收率常常会较低。

（三）结果处理与分析

为了保证研究的科学性和精确性，为了结果的处理和分析，调查者通常需要将回收上来的问卷进行分类、剔除无效问卷和编号、登记等。整理好回收的合格的问卷后，调查者就可以按照既定的维度对结果进行处理和分析。

六、问卷法的评价

问卷调查的优点主要表现在以下几方面（董奇，1992）。

第一，问卷调查的实施较为经济，节省时间、经费和人力。由于问卷调查可以采用邮寄的方式进行，这样可以在短时间内获得大量的数据，而且也节省人力、物力。此外，问卷调查采用纸笔测验的方式，不需要昂贵的仪器设备，因此简便易行。

第二，问卷内容客观统一，问卷资料便于分析量化。问卷调查特别是封闭式问卷调查，是通过相同的问题和标准化的回答方式来进行，这样就能够在一定程度上避免实施过程中的一些误差因素。而且所获得的数据也比较容易进行定量分析。

第三，问卷调查匿名性强，回答真实。问卷调查中可以不填写姓名，因此被试能够真实反映自己的观点和态度，特别是能够调查那些涉及个人隐私等的敏感问题。

第四，问卷调查具有间接性，相互作用小。问卷调查大都是间接进行的，可以减少研究者和被试之间的相互作用，减少各种可能的心理干扰，有助于提高问卷研究的客观性，减少调查误差。

问卷调查的缺点主要有以下几方面。

第一，灵活性不够。问卷调查中，为了使收集的资料便于定量处理和分析，常常采用封闭型的问题，因而难以适应每个被试的实际情况。如果被试没有经历过有关的情景，也就不知道自己的体会或感受，可能会出现随意回答的现象。

第二，问卷调查只适用于具有一定文化程度的人，因此使得应用范围受到限制。被试必须具有一定的文化程度才能阅读和理解问题，并能领会作答的要求和方法。因此，问卷调查对于那些文化程度较低的群体就难以进行，从而影响问卷调查的使用范围。

第三，深入性不够。问卷调查通常只能研究一些比较简单、表面的问题，因此无法对复杂的问题进行深入的探索和研究，并且问卷调查的结果和实际的社会情况之间还可能会存在一定的距离。因此开放式问卷调查比封闭式问卷调查具有优势，不仅可以研究“是什么”，还能够进一步研究“为什么”的问题。

专栏：问卷设计中的常见问题

1. 题项的编写应切合研究假设的需要。例如，如果想要了解大学生的学习动机，问卷中的所有问题都应当与学习活动有关，如果问卷中出现了与环境保护有关的问题，就会让被试不知所措。

2. 题项的内容应明确，避免含混不清。例如，问题太一般化，令人无法回答，如“你经常看报吗”。语意不清的措辞令人费解，如“你觉得我们的生活够好了吗”。

3. 一个题项中包含两个或两个以上的概念或事件。例如，“当你遇到挫折时，你是否会努力不懈而且尝试用新的方法去解决”。这个句子就涵盖了“努力不懈”及“尝试用新的方法”两个概念，有时作答者只符合了其中的一个，这将会给作答者造成困扰。因此像上述的例子最好将其改为两个句子：“当你遇到挫折时，你是否会努力不懈去解决”及“当你遇到挫折时，你是否会尝试用新的方法去解决”。

4. 题项内容不能用俗语、专有名词或双重否定句来表达。

5. 项目内容不应超出被试的知识水平和能力范围，要适合被试的理解力。

例如，问中学生“你对当前教育改革的看法如何”，像此类的问题已超出中学生作答的能力范围，将会使作答者无法反应。

6. 题项内容应避免社会禁忌和爱好，对于涉及个人隐私的问题，最好避免直接提问。

7. 题项应避免暗示和诱导作用。如“你想得高分吗”，“专家认为自信心是事业成功的基本保证，你对自信心的看法如何”。

8. 题项内容最好避免容易引起强烈情绪联想的提问。因为强烈的情绪会影响被试的思考，甚至会产生有意的自我防卫，而作出不实的回答。例如，对学生的父母提出“你在孩子的面前是否对学校的老师进行过不好的批评”这样的提问，就不太可能得到真实的答案。

9. 不要用假设或猜测的语句提问。假设的问题有时可以预测行动的趋向，却不易获得真实的结果。例如，问“你愿意涨工资吗”、“假如你有 10 万元，你将如何来使用它”这类问题往往难以获得真实的答案。猜测往往不准确，因为记忆本身就有误。如问每周看几个钟头的报纸或电视，都不可能得到真实的结果。

10. 避免不能答或不愿意答的问题。有些问题，虽然不涉及隐私，但却难以回答。例如，“你考试作弊吗”。

11. 区分是一般性的问还是提有针对性的提问。如果所需要的资料覆盖面大些，可把问题提得大些；否则就小些，有针对性地提问。例如对需要的调查，对大学生的提问是“请你根据自己的情况对 18 种需要排序”，对教师的提问是“根据你对某学生的实际情况对 18 种需要进行排序”。前者是一般性的，后者是有针对性的。

12. 注意是直接提问还是间接提问。直接提问能得到真实回答的，就应直接提问。但有些问题不能直接问，直接问得不到真实回答，就应间接问。例如，关于政治价值观的问卷设计即如此。又如，问个人还是问集体，在措辞上应加以注意。有研究发现，如果先问“你认为，每个人定期 X 光透视胸部，是不是一个好主意”。再问“你是不是照过 X 光”，结果答“是”的，前一问有 96%，后一问只有 54%。实际上两个问题的性质几乎完全相同。但前一问是针对集体，后一问是针对个人的。中国人注重人际关系，这类问题的措辞应特别小心。

13. 长句好还是短句好。应当说，只要题项的内容清楚准确，问卷的句子是越短越好，短句易使被试抓住要点，集中思想回答。否则很难进行归纳、回答。如莫里斯（Morris）生活方式问卷，句子很长，被试很难掌握。又如吉布森（Gibson）设计的教师效能量表（Teacher Efficacy Scale，1984）也是很长的句子，被试很难把握。

14. 一张问卷列多少个问题。一般以 30 分钟做完为宜。

15. 处理好相关的问题。例如，由于被试的异质性，有的问题可能只有部分被试有这方面的经历而另一部分被试则可能没有。

第三节　访谈法

访谈法也是心理学研究中使用最广泛的基本方法之一。由于心理学的研究对象常常是人而不是像其他学科一样以物为研究对象。因此访谈法就因其研究对象的特殊性而显得必不可少。目前，访谈研究被越来越多地运用在心理学的各个研究领域中。

一、访谈法的含义及特点

访谈法是研究者通过与研究对象的交谈来收集心理特征与行为数据资料的一种研究方法。访谈是根据特定的科学目的，根据设计和编制原则来实施资料收集的过程。因此，访谈不同于日常生活中的“聊天”或者一般的交谈。访谈法是研究者与研究对象之间的一种社会交往过程，在这个过程中访谈者和访谈对象之间形成了一种社会互动关系。因此访谈法是访谈双方之间的一种社会过程和社会交往的产物。访谈双方的心理特征、态度、动机、知觉和行为等相互作用和影响，以及访谈所处的情境、信息传递的性质等都会影响到访谈的效果。图 4 – 1 表示访谈过程中谈话人之间的交互作用关系（王重鸣，1990）。

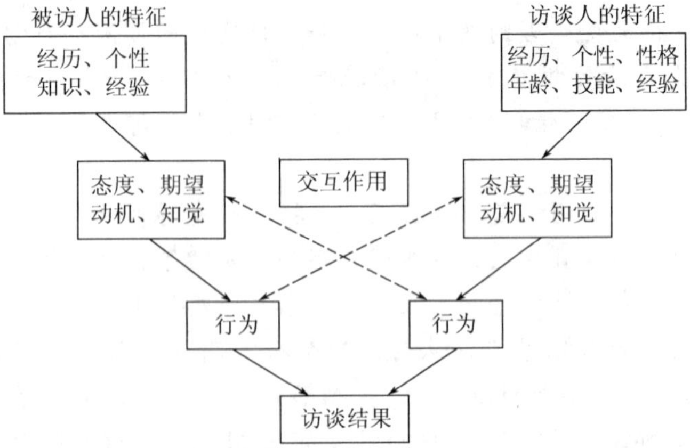

图 4 – 1

访谈法的最大特点是相互性，整个访谈的过程就是访谈者和被访谈者之间的相互作用和相互影响的过程。在访谈期间，访谈者通过提问的方式来作用于被访谈者，被访谈者通过对问题的回答反作用于访谈者。因此，在访谈期间，访谈者应该尽可能地积极提问，并且按照预定的计划使被访谈者尽可能全面、坦率地回答问题。访谈法的另一个特点是直接性，访谈法不同于其他的研究方法。访谈法是访谈者与被访谈者面对面的交谈，被访谈者必须对访谈者的问题作出直接的回答。而访谈者和被访谈者都是有思想、有感情的人，因此访谈者必须具备良好的人际交往能力。被访谈者只有在信任的基础上，才有可能作出真实的回答。同时，访谈者必须积极配合被访谈者，并且使用恰当的对话方式，使被访谈者能够全面、准确地说出他们的观点、态度、意见等。另外，访谈法还有科学性的特点。访谈法是按照科学的目的，并且通过一整套设计、编制和实施原则来进行的。这在很大程度上保证了访谈法的科学性、有效性、客观性等，使访谈法不同于一般的交谈或是日常生活中的“聊天”。也正是因为访谈法的科学性，目前访谈法在心理学研究中占据着举足轻重的地位，并发挥着重要的作用。

访谈法因其独特的方式，弥补了以反应时为指标的各种心理研究法的缺陷。事实证明通过访谈法得到的结果比其他心理学研究方法得到的结果更为丰富、全面、深刻、完整。但这并不代表访谈法是完美的，也正是因为其独特的方式，常常使其在进行过程中很难做到准确的控制。因此，要想使访谈法能够发挥其独特的作用，必须将访谈建立在心理测量理论和严格的方法设计原则基础之上，并且要掌握正确的实施过程与技巧。

二、访谈研究的类型

访谈研究根据研究目的、性质或对象的不同而划分为不同的种类。根据访谈对象的人数，还可分为个别访谈和集体访谈等。

（一）结构访谈和非结构访谈

根据访谈内容和过程有无标准化的程序，访谈研究可分为结构访谈和非结构访谈。

结构访谈指按照统一的设计要求、具有固定结构的问卷而进行的访谈。结构访谈对选择访谈对象的标准和方法、所提出的问题、提问的方式和顺序、被访谈者回答的方式、访谈记录的方式等都已经标准化了，有时甚至对访谈的时间、地点、周围环境等外部条件，也要求基本保持一致。因此，结构访谈又称为标准化访谈。结构访谈的优点在于结果便于统计分析，对于不同访谈对象的回答易于进行对比分析。但是，这种访谈方法缺乏弹性，使访谈者难以根据当时的具体情况，灵活地采用适当的方式进行访谈，难以对问题进行深入探讨。

非结构访谈又称非标准化访谈，该方法对访谈对象的条件、所要询问的问题等只有一个粗略的基本要求，访谈者可以根据访谈时的实际情况灵活地作必要的调整。非结构访谈有利于发挥访谈者和被访谈者的主动性、创造性，有利于适应各种被访谈者的具体和特殊情况，有利于拓宽和加深对问题的研究，也有利于处理原来访谈设计方案中没有考虑到的新情况、新问题。但是，非结构访谈的结果难以进行定量分析，对不同被访谈者的回答难以进行对比分析，此外，该方法对访谈者的要求比较高。

根据结构访谈与非结构访谈的上述特点，在心理学的实际研究中，研究者们常常是将它们结合起来加以应用，以便互相补充、取长补短，提高研究的科学性水平。一般来说，综合采用两种方法时，往往先进行非结构访谈，然后再进行结构访谈，否则非结构访谈将受到结构访谈的很大影响，不利于了解被访谈者原有心理活动与特点。此外，也有按非结构访谈→结构访谈→非结构访谈的顺序进行的。

（二）直接访谈与间接访谈

根据访谈时访谈者与访谈对象的接触方式，访谈研究可分为直接访谈和间接访谈。

直接访谈是指访谈者与被访谈者进行面对面的交谈，因此又称面对面的访谈。直接访谈的突出特点是，访谈者与被访谈者直接发生相互影响、相互作用。访谈者不但能广泛、深入地探讨有关问题，了解被访谈者的思想、态度、情感和其他各种情况，而且还能亲自观察被访谈者的有关特征和他们在访谈过程中的许多非言语信息，从而加深对谈话内容的理解，利于判断访谈结果的真实可靠性。但是，由于直接访谈首先是人与人之间的直接交往过程，访谈者与访谈对象相互直接作用可能会对访谈结果产生影响。

间接访谈法就是访谈者通过一定的中介物与被访谈者进行非面对面的交谈。目前，间接访谈的主要方式就是电话访谈。电话访谈适用于访谈内容较少、较简单的调查研究，其优点是收集数据资料省时省力，对于某些不适宜于面对面交谈的问题可以通过电话访谈来进行。但是由于需要借助一定的中介物，所以适用范围有限。因此，访谈者难以深入探讨有关问题，更不能直接观察被访谈者的有关特征和各种非言语信息，这不利于对访谈结果的分析与解释。

（三）个别访谈和集体访谈

个别访谈通常只有一个访谈者与一个访谈对象。个别访谈的特点主要表现在，访谈对象能够有较多的机会与访谈者进行交流，因此能够对问题进行深入、全面的了解。

集体访谈是由访谈者同时对多个访谈对象进行的访谈。集体访谈具有很多个别访谈所不具备的优势，集体访谈是多个访谈对象同时参与就某个问题发表自己的看法，因此可以为访谈对象提供一个相互交流的机会。由于人们在集体环境中的表现往往与个人单独的表现不同。因此，在集体访谈中访谈者可以了解访谈对象在集体互动中的表现。同时，也正是由于处在集体环境中，访谈对象可能会对某些问题隐瞒自己的看法。

在实际研究中，个别访谈和集体访谈可以结合起来进行，以提高研究结果的效率。并且从不同的条件下获得的研究结果可以相互补充、相互验证。

三、访谈研究的设计

访谈研究的设计主要包括研究问题的确定、访谈程序的制订、访谈对象的选取、访谈人员的选取与训练等方面。

（一）访谈目的的确定

访谈研究的设计首先就是要明确访谈研究的目的，并将其进一步具体化，即确定访谈研究的各种具体变量。一般来说，研究目的指明研究所要达到的总目的，因而也就对研究的范围、对象等作出了一些限定。但是，研究目的往往是比较笼统、概括的。对同一研究问题，我们可以从不同角度去研究。因此，进行访谈设计时，首先需要将一个比较笼统的大的研究目的和问题具体化成一个限定的研究目的和问题，并提出自己对研究问题的各种具体假设。然后，再根据这一具体研究问题，详细列出研究所涉及的所有变量的类别与名称，进一步明了回答研究问题、检验研究假设需要收集哪些方面的信息。要做好这一步工作，最好列出一个研究变量简表，这一方面有助于我们思考，另一方面可以防止遗漏。

明确访谈研究的目的，详细列出研究涉及的所有变量，对访谈设计以后的工作是十分重要的。为此，需要认真查阅与访谈内容有关的文献，特别是研读有关研究报告，从中吸取有重要参考价值的东西。有时还需要深入实际作些初步的了解和调查。在此基础上，再选择访谈研究的侧重点，详细列出研究变量。这一步工作如果未做好，将直接影响到以后的设计工作和整个研究的质量。

（二）访谈问题形式的设计

详细地说明研究的具体目的和研究变量之后，研究者就需要考虑访谈问题的具体形式。在访谈设计中，访谈问题的形式主要有以下两种：一是封闭式问题（又称固定选择式问题、限定性问题），二是开放式问题（又称非限定性问题）。封闭式问题要求访谈对象在事先确定的几个选择答案中选择一个自己认为最适合的答案。比如，“你认为自己的学习是非常好，还是一般，还是很差”和“你目前与父母的关系是充满矛盾还是很协调”，这两个问题就是封闭式问题。开放式问题则是访谈对象根据自己的想法，用自己的语言来作出回答。这类问题的例子如“请谈谈你在学习方面的情况”、“请谈谈你目前与父母的关系如何”。

选用何种访谈问题的形式，要根据访谈研究的具体目的、访谈对象的具体情况、访谈者的有关知识经验而定。一般来说，以下两种情况是比较普遍的（董奇，1992）：一是在进行一项访谈研究时，如果研究者对访谈对象有关情况不了解，常常需要在研究初期采用开放式问题，以取得有关基本情况和资料，进行定性分析；研究后期则在此基础上再设计出若干封闭式问题，去收集有关数据资料，以便进行定量分析。二是大多数访谈问卷在开头部分安排了一些封闭式问题，以取得访谈对象的有关基本情况，如性别、婚姻状况、教育水平、职业、职务等。随后再安排一些开放式或封闭式的问题或两种形式并用。

开放式问题的优点是有利于访谈对象充分表达自己的思想、情感，有利于访谈者了解额外信息，对不明确的回答进行追问等。其主要缺点是计分困难，带有更多的主观性。封闭式问题易于计分，能更好地保证反应形式的标准化和结果的客观性，但是其所有选择有时可能难以反映访谈对象的有关情况，难以穷尽所有的选择，缺乏灵活性。

（三）回答方式的设计

拟定具体访谈问题之后或同时，还需要考虑让访谈对象以何种方式对每一问题作出反应。对于同一具体访谈问题，可以有不同的反应方式。比如，访谈对象的年龄信息可以通过填空式获得，也可以给访谈对象提供一系列已分好的年龄组，让他们选择最适于自己年龄情况的那一组。其中常用的有填空式、等级排列式、量表式和核对式等几种。表 4－1 列出了每种方式所获取的数据的性质及主要优缺点。

表 4－1　四种反应类别及其特点

反应方式	数据类型	主要优点	主要缺点
填空式	定类测量	误差小，反应灵活性大	难以计分
量表式	定距测量	易于计分	费时，可能产生误差
等级排列式	定序测量	易于计分，强迫区分	难以完成
核对式（分类式）	定类测量（计算总数时可能是定距测量）	易于计分，易于反应	提供数据少，选择可能少

（董奇，1992）

在访谈设计中，为了选择最佳、最恰当的反应方式，必须综合考虑以下几方面的问题（董奇，1992）。

1．研究变量的性质

选择什么样的反应方式首先取决于变量的性质。比如访谈对象性别方面的信息一定是命名性质的，只能采用填空式或核对式获得，而年龄方面的信息则可以通过不同方式反映出来。

2．统计处理需要的数据类型

研究变量数据的处理方式决定采用何种反应方式。如果统计分析需要间隔性质的数据，最好选用量表式和核对反应式。填空式和某些核对式提供的命名数据，只适于进行 χ^2 分析，当事先不能确定数据统计分析的方式时，最好采用量表反应方式。因为由它获得的间隔数据很容易就可以转化为顺序或命名数据。

3．反应的灵活性

填空式使访谈对象在作出反应时有最大程度的选择自由，而是非式、对错式正好相反，使访谈对象反应时自由选择的程度最低。

4．完成访谈所需的时间

等级排列式和量表式通常需要大量的时间才能完成，如果一个访谈问卷的内容比较多，已有相当长度，选择对错反应方式也许比较好，这样可以减轻访谈对象的负担，提高访谈效果和质量。

5．各反应潜在反应误差的大小

一般来说，量表式和核对式的反应误差最大，以这两种方式回答时，访谈对象不仅受社会赞许性的影响，而且还受其他许多因素的影响，如过多使用“对”与“是的”答案的倾向、选择某一固定点作为对每一问题的答案、避免极端评价的倾向等。等级排列和填空式的潜在反应误差则较小，特别是等级排列强迫访谈对象对多种选择答案进行区分。

6．计分的难易程度

填空式反应必须先编码，因而是比较难以计分的。而讨论过的其他方式则都是比较容易计分的。

上述讨论的内容主要是针对封闭式问题的，对于开放式问题，则可能需要制订一些代码系统来及时准确地记录访谈对象的谈话内容。

（四）访谈结果的分析

根据研究目的的不同，访谈结果的分析方法可以是定性的也可以是定量的。表4－2中列出了几种分析访谈结果的方法。

表4－2　分析访谈结果的方法

分析方法	评价
获得总的问卷/量表的分数	研究者可能在访谈中完成结构化问卷；可直接进行假设检验
频率统计/特定术语的编码/主题/访谈内容中出现的概念	开放式回答的内容分析的一部分；可检验评价者信度
根据详细的评分系统用明确的标准计分	用于开放式问题，需要培训评价人，可检验评价者信度
定性分析（用编码程序）	如主题分析、理由充分理论、谈话分析技术、演讲分析

（艾森克，2000）

四、访谈法的实施

访谈法的实施一般程序包括：访谈前的准备工作、接近访谈对象、访谈记录、访谈结果的整理（董奇，2004）。

（一）访谈前的准备工作

1．充分熟悉访谈问卷的内容。大量的成功访谈的经验表明，访谈前对访谈问卷内容的充分熟悉，将极大程度地帮助访谈者掌握访谈的主动权，把主要精力集中在倾听对方谈话、观察对方的行为表现、思考对方谈话内容、追问和记录上。进行结构访谈时，访谈者必须仔细阅读、理解统一设计的访谈问卷；进行非结构访谈时，访谈者应当牢记访谈的粗略提纲及基本访谈的问题。

2．带齐进行访谈所需的有关材料。有关访谈研究的简要文字说明、单位介绍信息、身份证、工作证或学生证等在进行访谈研究时都可能是需要的。此外，应该带上记录本和各种颜色的笔，以备记录时使用。另外如果需要还应该带上电脑、照相机、电池等。

3. 尽可能了解访谈对象。在进行实际访谈之前，访谈对象基本确定，应在可能的条件下，充分认识、了解访谈对象的性别、年龄、职业、文化、专长、经历、性格、爱好等。这对于有针对性地选择恰当的访谈方法、建立良好的人际关系、取得访谈对象的配合是很有好处的。

4. 选择好访谈的时间、地点。访谈时间、地点的选择应以有利于访谈对象准确回答问题、畅所欲言为原则。

（二）接近访谈对象

1. 称呼对方。实际访谈的第一步就是接近访谈对象，而接近访谈对象的第一步就是恰如其分地称呼对方。一般来说，“称呼”应该既不可对人不尊，又不可一味地奉承，否则就易引起对方的厌恶和反感。要做到恰如其分就应该了解当地的风俗习惯，做到入乡随俗、亲切自然。此外，还应该考虑到对方的身份、职业、文化水平等因素。

2. 自我介绍。称呼对方是接近访谈对象的第一句话，接着就应该把自己介绍出去。自我介绍是一门艺术，应该做到不卑不亢、简洁明了，其目的在于让对方了解访谈者、消除紧张、戒备的心理。必要时，可以出示一些证件以使被访谈者感到放心。

3. 介绍访谈研究。自我介绍后，紧接着就是简要说明访谈研究的目的、意义、内容、完成访谈所需的时间及选择该访谈对象的原因，以激发访谈对象接受访谈的动机，提高被访谈者的兴趣。

（三）访谈记录

无论是结构访谈还是非结构访谈，一般在访谈的过程中都需要作记录。访谈对象对访谈者当场记录是否有顾虑，与交谈的内容和访谈对象的个性特点有关。对于有顾虑的访谈对象，应该认真做好思想工作，讲明研究结果的保密性。如果有个别人还是不能消除顾虑，则交谈时可不记录，待交谈结束后再记录。

记录的方式有两种：一是笔记；二是录音。笔记又可分为速记、详记、简记三种方式。一般来说，访谈对象都不愿意被录音，故使用前需征得对方同意。

（四）访谈结果的整理

结构性访谈的结果便于整理，也易于进行量化分析。非结构性访谈的结果，相对而言，比较难于整理。因为其内容为描述性的，且内容可能分散，量化分析比较困难。大部分情况下，为深入分析研究结果，需要对访谈内容进行编码，因此首先要用编码系统来量化访谈结果。

五、访谈法的评价

如前所述，访谈法的基本特点就是研究者与研究对象进行面对面的交谈。这一特点直接决定了访谈法所具有的如下优点和局限性。

（一）访谈法的主要优点

第一，有利于对心理、教育问题进行深入和广泛的研究。访谈法以口头交谈方式进行，包括结构访谈法和非结构访谈法等不同类别，这就使它既可用于收集现时资料，又可用于收集过去的资料，既可用于定性研究，又可用于定量研究；既可了解客观事实、行为方面的问题，又可了解主观动机、情感、观念方面的问题，既可用于验证某种假设或理论，又可用于提出假设或理论。总之，与其他收集研究资料的方法相比，访谈法可以获得更为丰富、广泛的资料，有助于对人的心理活动、教育规律进行多层次、多方面的探索。

第二，能灵活地、有针对性地开展资料收集工作。访谈法可以根据访谈对象和访谈过程的具体情况，灵活地采取各种方法，有针对性地、有效地收集研究资料。比如，当访谈对象表现出对问题的不理解或误解时，研究者可针对情况以适当方式重复提问；当访谈对象的回答含糊不清、态度不明确时，研究者可让其详细解释说明；访谈对象说出研究者事先未预料到的、有价值的内容时，研究者可以根据情况进行追问或加以记录。访谈法可以根据访谈对象的知识水平或理解程度灵活变换提问方式，可以在访谈对象自由发表看法时在一定程度上控制谈话方向，充分发挥研究者的主动性和创造性。这是其他方法难以做到的。

第三，可以保证收集到的研究资料具有较高的可靠性，由于访谈是面对面进行的，是研究者与访谈对象相互作用、相互影响的过程，因此，当访谈对象不理解研究者的问题，或者研究者认为访谈对象的回答不完整、不明确时，都可以追问，了解更为确切的信息。研究者可以对访谈环境进行控制，防止干扰，也可以严格控制问题顺序，避免因问卷结构受到破坏造成的误差。此外，在进行访谈时研究者可以在提问或访谈对象回答时观察访谈对象的非言语行为（如表情、姿势、动作等），综合这些非言语信息判断访谈对象回答的可靠性，可以对获得的资料进行信度和效度的评估，保证研究资料的可靠性。

第四，访谈法适用范围广。访谈法是口头进行的，研究者可以对问题进行诠释、说明，它适用于一切具有口头表达能力（思维正常）的不同文化程度的访谈对象。与问卷法相比，访谈法的适用对象更为广泛，如访谈对象可以是文盲、半文盲或因种种原因不能书写的人，而问卷法则难以做到这一点。

此外，访谈法具有较问卷法更高的回收率和有效率，研究者能保证使访谈问卷中的所有问题都得到回答，提高被试回答的有效率。因此，访谈法是心理、教育科学研究中一种重要的研究方法。

（二）访谈法的局限性

当然，访谈法并非一种完善的收集资料的方法，它仍然有着许多缺点和局限性。

第一，访谈结果的准确可靠性可能受到研究者素质的影响。访谈法是由研究者（即访谈人员）实施的，因此，访谈法上述优点的发挥有赖于研究者的素质。如果访谈人员素质较差，能力不够强，可能对访谈对象的回答产生误解或在记录时发生错误；如果访谈人员没有掌握必要的访谈技巧，态度生硬，语言不礼貌，可能影响访谈的相互作用过程，造成访谈对象的不合作或提供虚假信息，这样就难以获得可靠的研究资料。访谈结果也易受到访谈人员的主观偏见、价值取向的影响。因此，对访谈人员进行访谈技巧的培训是必要的。此外，访谈人员的性别、性格、年龄、社会阶层、衣着、口音和身材等都可能影响访谈对象的回答。

第二，某些问题不宜进行访谈。访谈法是面对面进行的，不具有匿名性。因此，对于访谈对象比较敏感、不愿回答的属于个人隐私的问题，不宜进行访谈，如果强行进行访谈，可能使访谈对象终止访谈或不作真实回答，影响访谈结果。一些无法用语言表达的情感、体验、社会关系变化、动作变化或心理过程等资料不能用访谈法取得，而需要用其他方法（如观察法、社会测量法等）获得。此外，访谈法获得的许多资料需要进一步核实，如对与访谈对象有关系的人进行访谈，或采用其他方法对照检验。

第三，与其他方法相比，访谈法费时、费力、费财。进行访谈，一般需要聘请访谈人员并对其进行培训，访谈需要抽样，印制各种访谈提纲，准备磁带或记录纸张，还要支付被试费和主试的劳务费、差旅费等，因此，需要花费较多的人力和财力。访谈法一般每次只对一个访谈对象进行，访谈过程和记录整理需要较多的时间。在访谈对象分散的情况下，访谈时间可能更长。访谈法的这一特点限制了它的规模。

第四，访谈法获得的研究资料难以量化。一方面，由于访谈对象文化程度不同，可能对问题的理解不同，而访谈人员对问题的解释也可能不同，这种灵活性造成问题的表述缺少标准化。另一方面，访谈结果缺乏量化的指标，一般只能以某一答案出现的次数、百分比作为指标；访谈对象的回答可能有很大的差异，可能使答案很多，也难以定量计算。

此外，访谈法受环境、时间和访谈对象情绪状态的限制，访谈对象思考问题时间较短等特点，也影响到访谈法的使用。

【建议参考资料】

1. 黄希庭，张志杰. 心理学研究方法［M］. 北京：高等教育出版社，2005.
2. 董奇. 心理与教育研究方法［M］. 广州：广东教育出版社，1992.
3. 董奇. 心理与教育研究方法［M］. 北京：北京师范大学出版社，2004.
4. 梁，奥斯汀. 心理学研究手册［M］. 周晓琳，译. 北京：中国轻工业出版社，2006.
5. 王重鸣. 心理学研究方法［M］. 北京：人民教育出版社，2000.

【问题与思考】

1. 访谈研究设计的主要内容有哪些？
2. 问卷研究设计的主要内容有哪些？
3. 问卷法和访谈法有哪些优缺点？
4. 心理学研究中为什么要采用访谈法和问卷法？
5. 问卷法和访谈法有什么区别及联系？

第五章　测量法

【本章提要】

测量是确定某个特定分析单位的属性值的过程。测量法则是研究者对特定分析单位的属性进行赋值的方法。测量包括定名测量、定序测量、定距测量和比率测量四个层次。经典测验理论是测量理论中最重要的三种理论之一，是以真分数的理论为核心理论假设的测量理论及其方法体系，也称为真分数理论。信度和效度是经典测验理论中的基本概念。测量的效度是指测量得到的计分是否反映了欲测的特征及其程度。测量的信度表现为测量数据和结果的稳定性以及测验内容的一致性。信度为效度的必要而非充分条件。影响效度的因素包括：测验本身、测验的实施、被试及效标。影响信度的因素包括：被试的样本、测验的长度及测验的难度。测量给研究的概念界定和假设提出阶段带来误差。

【学习重点】

1. 了解测量的含义。
2. 掌握测量效度和信度的评定方法。
3. 理解测量在心理学研究中的作用和意义。

【重要术语】

测量　定名测量　定序测量　定距测量　比率测量　效度　内容效度　准则效度　结构效度　信度　重测信度　复本信度　内部一致性信度　评分者信度　误差

第一节　测量概述

一、何谓测量

美国心理学家桑代克认为，“凡物之存在必有数量”。麦柯尔进一步提出，“凡有数量的东西都可以被测量出来”。心理学研究中涉及许多概念或变量，有些容易被测量而有些则难以被测量。譬如，体重和年龄就容易测量，而人格、态度等则较难测量。

测量（measurement）是确定某个特定分析单位的属性值的过程。所谓分析单位（unit of analysis）就是具有所要研究的那些特征的事物。事物从宏观到微观有不同的层次，不同层次的事物又具有不同的特征，这些事物通常归属于自己的学科来研究，因此不同的学科都有自己的特定分析单位。

心理现象的产生与从宏观到微观的多种层次的事物都有关系，各种心理现象的特征也会由于产生这些心理现象的事物所处的不同层次而表现出不同性质的特点，因此心理学的分析单位是多层次的。最常用的分析单位可能是分子，但也可以是其他单位，如个人、群体、组织等。在测量概念或变量时，首先要确定分析单位，然后要详细说明所测单位的特征。例如，如果确定的分析单位是一个分子（如自信），那就要详细地说明所测分子的种种特征，其中有些是可见的有些是不可见的。可见特征如面部表情、遇到特定情境时的行为反应。不可见特征如内心的认知、情绪体验等。分析单位的这种潜在的、可测量的特征，有各种不同的提法，如维度、属性、因素等。

测量并不仅限于作数值上的或定量的阐明，也可以作定性的阐明。我们对某些概念的测量不是用数字而是用定性的标示或名称来表示其相应范畴的。任何用数字测量的概念，一般我们称之为定量概念或定量变量。有些概念是定性变量而不是定量变量。在心理学研究中，我们可以想出许多定性变量，如家庭类型（核心家庭、非核心家庭）、父母教养方式（民主型、独裁型、溺爱型、忽视型）或团体类别（正式团体、非正式团体）。在观察研究中，我们常使用定性变量。心理学研究中所观察到的许多资料是属于定性类别的，我们需要给每个类别的资料一个名称，使之区别于其他类别。例如，克雷奇默尔（Kretschmer，1921）依据体型把人分为瘦长型、矮胖型、强壮型、发育异常型；奥尔波特等（Allport，Vernon & Lindzey，1960）依据价值观把人们分为理论型、经济型、政治型、社会型、审美型、宗教型；马斯洛（Maslow，1954）把人的需要分为生理需要、安全需要、归属和爱的需要、自尊需要、自我实现需要等。

定性概念的类别也可以用数字而不是用名称来标示，但这些数字并不具有数字系统的属性——它们是不能用加减乘除进行运算的。例如，一个宾馆的房间号码是不能使用算术运算的。我们不能将101号房间和111号房间像101斤和111斤一样进行相加。对定性变量唯一可作数字运算的是计算每一类别的出现率和百分率（如男性或女性被试的百分率）。

二、测量的层次

美国心理学家史蒂文斯（Stevens，1961）提出的测量层次的分类，包括定名测量、定序测量、定距测量和比率测量，如今已被学者们所广泛采用。

（一）定名测量

定名测量也称定类测量（nominal measurement），是把事物的属性归于不同类别的测量。前述所有定性的测量都是定名测量，不管类别是由名称（男性、女性）还是由数字（101 号房间、111 号房间）划分的。定名测量本质上是一个分类系统。定名测量的变量（如性别）至少有两个类别（否则就不是变量），而且这两个类别在性质上是截然不同的，是包罗无遗且相互排斥的。所谓包罗无遗，是指欲测量的每样东西都必须归属于其中一个适当的类别。所谓相互排斥，是指这每样东西都仅仅符合一个类别。因此，每样东西都必须有一个类别（包罗无遗），但只明显符合一个类别（相互排斥）。现实生活中，性别是定名变量，它有两个类别——女性和男性。这一变量的类别是包罗无遗且相互排斥的，因为每个人都符合一个类别，且仅属于一个类别。因此，最好的定名变量或类别变量是那些类别明显不同又没有模棱两可难以分类的变量。

（二）定序测量

定序测量（ordinal measurement）是对事物的等级和顺序的测量，即对一系列东西进行排序。定序测量像定名测量一样，由相互排斥且包罗无遗的类别组成。但是，这些类别不在同一层次上，也不具有等同的值；它们具有不同的值，因而可以依次排列等级，如最年老、次年老、最年轻等。在定序测量中，常常会遇到平分的情况，或者说具有相同等级的类别。在定序测量中，我们可以说等级 A 的人在所测量的属性值上比等级 A－1 的人高，等级 A－1 的人在属性值上又比等级 A －2 的人高（在定名测量中我们却不能这样说）。不仅如此，我们还知道，如果 A > A－1，而 A－1 > A－2，则 A > A－2。但我们仍然不知道 A 的值比 A－1 大多少，因而我们也不能确定 A 与 A－1 之差和 A－1 与 A－2 之差是否相同。能得到这一信息的测量为定距测量。

（三）定距测量

定距测量（interval measurement）是对事物的数量差别和间隔距离的测量。以天气温度为例，每天的天气预报中不仅把温度区分为不同的度数类别或把度数从最高到最低进行排序，而且还能够按每天的度数来加以测量。通过定距测量，我们可以测定从一个等级到下一个等级在温度上有多少单位之差。这一信息，无论是定名测量或定序测量都是无法得到的。我们可以看到，在最高和次高之间（如 41 度和 40 度）仅有一个单位之差，但在次高者和第三高者（如 40 度与 28 度）之间则有 12 个单位之差。所谓一个单位之差，不论它发生在量表的何处，它都是相同的。也就是说，一度之差就是一度之差，不管它发生在 41 度和 40 度之间还是在 28 度和 27 度之间。定距测量和定序测量之间的区别就在于：在定距测量中，我们不仅可以说哪个测量等级较高，而且还可以说这个等级高多少单位。无论它发生在量表的何处，单位的值总是相同的，因此，定距测量的资料便具有真正数量的意义，就可以对它们进行加、减运算了。

（四）比率测量

比率测量（ratio measurement）是对事物的比例或比率关系的测量。比率测量除可以进行加、减运算外，还可以进行乘、除运算。要进行乘、除运算就要求有一个绝对的、固定的零。是否有一个绝对的（而非任意的）零是比率测量与定距测量之间的唯一区别。体重也有一个非任意的零却不存在负值，因而是一个比率变量。一个人不会比零（出生）更年轻，其体重也不会少于零。如果有这样一个固定的、非任意的零为基点，而单位又是始终不变的，那么就可以进行乘或除了。例如，30 岁是 10 岁的三倍，而 15 岁是 30 岁的 1/2。一个测量是否是比率测量关键在于是否有一个绝对的零，即使这样的量表并无负值（像对一个家庭的人数，一个人的年龄、体重、身高的测量都是比率测量）。

总之，四种测量的后一个层次都是建立在前一个层次的基础上的，即后一个测量层次都具有前一个层次的属性再加上它自己的附加属性。譬如，定序测量在定名测量的分类属性的基础上，再加上排序；定距测量除了分类、排序的属性外，还可以加减运算；比率测量则除了分类、排序、加减运算之外，还可以乘除运算。另外，对一个概念或变量能进行多种层次的测量，譬如，可以将数学学习成绩区分为 90 分和 20 分（比率测量），当然，也可以将数学成绩区分为高分和低分（定序测量）。

表 5－1　四种测量尺度及观测数据特性及适合的运算方法

	定　名	定　序	定　距	比　率
基本特征	反映性质、类别	等级、位次、大小；反映相对数量	有相等单位的连续数量	有绝对零点和相等单位的连续数量
适用运算	归类、计数	比较、排名	+/−	+/−/×/÷/开方等
统计方法	众数、次数、百分比、品质相关、卡方检验	中位数、等级相关、秩次、非参数检验法	$\bar{x}$、σ^2、r、t、F	$\bar{x}$、σ^2、r、t、F、几何均值、差异系数
举　例	性别、种族、职业、教养方式	喜好程度、排名；优劣评价	智力测验和人格测验结果	长度、重量、时间；正确回答次数

三、经典测验理论

经典测验理论（classical test theory，CTT）是测量理论中最重要的三种理论之一，是以真分数的理论为核心理论假设的测量理论及方法体系，也称为真分数理论（true score theory）。

真分数理论是最早实现数学形式化的测量理论。它从 19 世纪末开始兴起，20 世纪 30 年代形成比较完整的体系而渐趋成熟。20 世纪 50 年代格里克森的著作使其具有完备的数学理论形式，而 1968 年洛德和诺维克的《心理测验分数的统计理论》一书，将经典真分数理论发展至巅峰状态，并实现了向现代测量理论的转换。

被测者在所测特质（如能力、知识、个性等）上的真实值即真分数（true score）。而我们通过一定测量工具（如测验量表和测量仪器）进行测量，在测量工具上直接获得的值（读数），叫观测值或观察分数。由于有测量误差存在，所以，观察值并不等于所测特质的真实值，换句话说，观察分数中包含有真分数和误差分数。而要获得真实分数的值，就必须将测量的误差从观察分数中分离出来。为了解决这一问题，真分数理论提出了三个假设：其一，真分数具有不变性。这一假设的实质是指真分数所指代的被测者的某种特质，必须具有某种程度的稳定性，至少在所讨论的问题范围内，或者说在一个特定的时间内，个体具有的特质为一个常数，保持恒定。其二，误差是完全随机的。这一假设有两个方面的含义。一是测量误差的平均数为零的正态随机变量。在多次测量中，误差有正有负。如果测量误差为正值，观测分数就会高于其实际的分数（真分数）；如果测量误差为负值，则观测分数就会低于其实际的分数，即观察分数会出现上下波动的现象。但是，只要重复测量次数足够多，这种正负偏差会两相抵消，测量误差的平均数恰好为零。用数学式表达为：$E(E)=0$。二是测量误差分数与所测的特质即真分数之间相互独立。不仅如此，测量误差之间，测量误差与所测特质外其他变量间也是相互独立的。其三，观测分数是真分数与误差分数的和，即 $X=T+E$。

在上述三个基本假设的基础上，真分数理论作出了如下两个重要推论：第一，真分数等于实得分数的平均数（$T=E(X)$）；第二，在一组测量分数中，实得分数的变异数（方差）等于真分数的变异数（方差）与误差分数的变异数（方差）之和（$S_X^2=S_T^2+S_E^2$）。经典测量理论在真分数理论假设的基石上构建起了它的理论大厦，主要包括信度、效度等基本概念。

第二节 测量的效度和信度

一、效度和信度

（一）何谓效度

对于任何测量手段，我们必须提出一些基本的问题：它测量的是什么？它所测得的数据与人们所认同的特征是否有关？计分之差在何种程度上反映了意欲测量特征的真正差异？这就涉及测量的效度问题。

测量的效度（validity）是指测量得到的计分是否反映了欲测的特征及其程度。这个定义有两层含义：一是指测量手段实际上测量了所研究的概念而不是其他的概念；二是指如果测量的不是要测量的概念，那么就谈不上对该概念进行准确测量的程度了。

例如，我们想测量智力，小陈的智力水平假定是 100 个单位。我们编制出的智力量表有一定的误差，用它测小陈的智力是 75 个单位，而实际上他的智力是

100。这个量表测量的是应该测量的概念（智力），尽管有误差，但如果我们能加以改善，消除它的误差，这个量表还能成为有效的智力量表。但是如果我们编制出的不是智力量表而是测其他概念（如自信心）的量表，用它来测量小陈的智力，那就是无效的，即使碰巧得到的分数是100分，也仍然是无效的。因此，一个测量工具是否测量了欲测的概念是非常重要的。

（二）何谓信度

信度（reliability）是测量的可靠性程度，表现为测量数据和结果的稳定性以及测验内容的一致性。一项科学的心理学研究，不论其过程由谁操作，或进行多少次同样的操作，其结果应该稳定可靠，即重复测量的结果要保持稳定、一致，否则便不可信。例如，假如你用直尺多次测量身高，星期一你的身高是180 cm，星期二你仍然是180 cm，那么你用的直尺就是可信的，因为它两天都测量你的身高是180 cm。假如它测量你的身高星期一是180 cm，而星期二是160 cm，这个直尺就是不可信的。又如，假设在高考阅卷中，一位教师对某作文的评分是35分，另一位教师的评分是36分，相差不多，这种评分具有一致性，是可靠的。但是如果一位教师对某作文的评分是35分，而另一位的评分是60分，二者的差异太大，则难以令人信服。测量的数据和结果是否可靠与变量的控制密切相关：变量控制严格，测量误差小，测量结果的可靠性就高；变量控制随意，误差大，测量结果的可靠性就低。可靠性高的测量就可以重复验证，心理学研究的科学性才可以得到保证。

二、测量效度的评定

迄今，研究文献中有许多效度鉴定程序。下面介绍最主要的三种效度鉴定程序。

（一）内容效度

内容效度（content validity）是指测量在多大程度上包含了欲测的内容范围。例如，卡米尼斯和泽勒（Carnines & Zeller，1979）指出，数学能力测验不能只包含加法，还应该包括减法、乘法、除法等。在内容效度的证据中，一个关键要素就是题目取样的适当性。选择一个有代表性的样本，通过观察被试对少数项目的反应来推测他在总体中的表现。如果所选择的测题过难或过易，或偏重于某部分内容，就会使测验对总体估计的准确程度下降。例如，教师要求学生在学期结束时掌握1 000个汉字词组，为了检验学生的学习情况，教师编制了一个包含100个汉字词组的词汇测验。显然，只有当这100个词组能代表所要求掌握的1 000个词组时，测验才会有较高内容效度。如果在该测验中，只有简单的题目，或者非常难的题目，该测验就会失去代表性，因而也不能提供有效推论的信息。要想获得较高的内容效度，就应该明确定义想要测量的内容范围，而测验项目应是所界定的内容范围的一个有代表性的样本。

估计内容效度的方法有以下几种。

1. 专家判断法。确定测验内容效度常用的方法是由专家对测验项目与所涉及的内容范围进行符合性判断，这是一种定性分析的方法。对于成就测验来说，学科专家要先对教学大纲或教材有全面了解，然后与测验题目进行系统比较，看题目是否能代表所规定的内容。具体方法步骤如下：（1）定义好内容总体，并描绘出有关知识与技能的轮廓；（2）划分细纲目，并根据重要性规划好各个纲目的加权比例，作出尽可能详细的描述；（3）确定每道题所测的知识与技能，将自己的分类与测验编制者的纲目作比较；（4）制订评定量表，从各方面对测验作出评定。

2. 统计分析。克伦巴赫提出内容效度可以进行数量估计。具体方法是从同一教学内容总体中抽取两套独立平行的测验，分别对同一组被试进行测验，两种测验的相关系数可用来估计内容效度。若相关系数大，则内容效度高；若相关系数小，则两个测验中至少有一个测验的内容效度低。

3. 重测法。这是类似重测信度的一种评定方法。具体程序是研究者对一组被试进行前测。然后，让被试学习新的知识或参与某种训练课程，课程结束后将测验再实施一次。如果后测的成绩显著地优于前测的成绩，说明测验到的内容是新近学的知识和受到的训练，表明了该测验有较高的内容效度。

4. 经验法。不同的被试团体在测验上的得分和对每题的反应存在较大差异，一般来说，高年级比低年级的水平要高，如果总分和题目的通过率随着年级而增高，则说明测验对于教学具有内容效度。

在实际应用中，内容效度容易与表面效度相混淆。所谓表面效度指的是外行人从表面上看测验是否有效。不是效度的客观指标，表面效度不能真正反映测量的有效程度，但是表面效度能影响被试的动机，从而影响测验的效果。所以在编制测验时，表面效度是一个必须考虑的问题。内容效度既具有一定的优点，也有一定的局限。内容效度的主要缺点是缺乏可靠的数量指标，因而妨碍了各测验间的相互比较。

（二）准则效度

准则效度（criterion validity）也称效标关联效度或实证效度，是以测验分数与作为外在标准的效标行为之间的关联程度来表示的一种效度。例如，通过高考选拔了一部分学生进入大学学习，若有证据表明进入大学的高分学生在大学的学业成绩上确实优于低分学生，则可以认为高考有较高的准则效度。在准则效度中，效标（criterion）是衡量测验结果有效性的参照标准，它是体现测验目的独立于测验之外的一种行为变量。常用的效标有：学业成就、行为的等级评定、临床诊断、实际工作表现、先前有效的测验、团体对照等。

准则效度有两种形式的证据——同时效度（concurrent validity）和预测效度（predictive validity）。当效标数据与测量数据在同一时间获得并进行比较时，获得的效度证据就是同时效度。例如，研究者用自立问卷对大学一年级学生进行调查，并将他们的得分与几乎在同一时间获得的教师对学生的自立评价进行比较的证据。同时效度反映测验能在多大程度上替代效标。如果效标数据晚于测量数据获得，那么获得的效度证据就是预测效度。例如，研究者在开学时对一组大学生实施学科能力倾向测验。到期末时，再比较他们在测验上的得分与某学科期末考试成绩，就构成了预测效度的证据。预测效度反映测验能在多大程度上预测效标。

估计准则效度的主要方法有以下几种。

1．相关法。相关法就是用相关系数来描述同一组被试在某个测量工具上的得分与他们在效标测量上的得分之间的关系，这种数量指标也被称为效度系数（validity coefficient）。相关系数的获得有两种情况：如果测验分数与效标测量分数都是连续变量，用积差相关公式求相关系数；如果测验分数是连续变量，而效标测量分数是二分变量时，用二立列相关公式求相关系数。

2．区分法。具体程序是让被试接受一个测验，然后让他们学习一段时间，再根据学习成绩（效标测量）的好坏将其分成两组。回过头来分析这两组被试原来接受的测验的分数差异。区分法的关键是用先进行的测验得分来区分由效标测量所定义的团体。例如，某学校通过入学考试录取了一批学生，经过一段时间的学习后，根据学习成绩的高低将其分为合格和不合格两组被试，然后通过检查他们的入学测验成绩，运用统计方法来检验两组被试在入学测验上的平均分数是否有显著差异。若差异不显著，则说明测验肯定是无效的；若有显著差异，也不能保证测验一定有效。

3．命中率。如果研究者用测验的分数来进行决策，那么测验是否有效的标准就是正确决策的比例，即命中率。假设被试在测验成绩上有两种可能：通过测验（或被接受）和没有通过测验（或被拒绝）；在效标测量上也有两种可能：成功和失败。在实际生活中可能出现四种情况：通过测验并在效标测量上成功；通过测验但在效标测量上失败；没有通过测验但在效标测量上成功；没有通过测验且在效标测量上失败。如果将正确的预测称为命中，不正确的预测称为失误，测验成绩和效标测量会出现以下关系（见表 5－2）。

表 5－2　测验和效标的关系

测验	效标预测失败（－）	效标预测成功（＋）
通过（＋）	（A）失误	（B）命中
不通过（－）	（C）命中	（D）失误

判断决策正确性有两个指标：

（1）总命中率（P_{CT}），是指正确决定数目（命中）对总决定数目（N）的比例：

$$P_{CT}=\frac{命中}{命中+失误}=\frac{B+C}{A+B+C+D}=\frac{命中}{N}$$

P_{CT}值越大说明测验越有效。

（2）正命中率（P_{CP}），是所有被选择的人成功的比例：

$$P_{CP}=\frac{成功人数}{选择人数}=\frac{B}{A+B}$$

P_{CP}值越大说明测验越有效。

（三）结构效度

结构效度（construct validity）是测验对某种理论构想或特质所能体现测量的程度。通常，心理学研究中的智力、焦虑、自我和动机等都是假设性质的概念或特质，无法直接度量，这些构想只能在理论基础上通过具有操作性定义的测验来加以测量。例如，比奈—西蒙智力量表的制订，比奈（Alfred Binet，1857—1911）首先详细研究了智力的结构，他认为智力行为是一种连锁性的过程，包括判断、推理、解决问题等。他根据这一理论编制的智力测验，确实测量出被试的判断、推理和解决问题的能力，可以认为他所编制的测验具有较好的结构效度。

确定测验的结构效度有三个步骤：1. 提出理论假设，建立理论框架，以解释被试在测验中的表现；2. 依据理论框架，推导出各种与测验成绩有关的假设；3. 以逻辑和实证的方法来验证假设。

估计结构效度的方法有以下几种。

1. 测验内方法。就是通过分析测验的内部构造来获取效度证据。例如，通过分析测验的内容、被试对题目所作的反应、测验题目的同质性以及分测验之间的关系来判断测验的结构效度。

2. 测验间方法。就是通过计算测验与标准化测验的相关来获取效度证据。如果两个测验测量相同的心理特质，那么对同质的被试进行测验时，二者的得分应该有较高的相关。因此，如果某一个新测验与同类的大家公认有效的已有测验之间，在测验结果上有很高的相关，说明这两个测验测的是相同特质，即新测验也有较高的结构效度。例如，在评价新编的智力测验时，通常要与斯坦福—比奈智力测验或韦氏智力测验进行比较。

3. 多特质—多方法矩阵。坎贝尔和菲思克（Campbell & Fiske，1959）提出了一种分析测验结构效度的方法——多特质—多方法矩阵（multitrait-multimethod matrix），此程序要求采用两种以上的方法测量两种以上的特质。特质与方法间有多种搭配，其两两相关系数组成多特质—多方法矩阵。在该矩阵上，如果以不同方法测相同特质所得分数之间的相关系数①，高于以相同方法测量不同特质所得分数的相关系数②，且高于以不同方法测量不同特质所得分数的相关系数③，则该测验有较高效度，其中①为聚合效度，②③为区分效度。聚合效度（convergent validity）是一个测验与测量相同特质的其他高效度测验相关的程度。而区分效度（differential validity）是一个测验与其他不同特质的测验相区分的程度（二者测验分数有低相关）。

三、测量信度的评定

（一）重测信度

重测信度又称为稳定性系数，它的计量方法是采用重测法：用同一测验，在不同时间对同一群体施测两次，这两次测量分数的相关系数即为重测系数。

重测信度所考查的误差来源是时间的变化所带来的随机影响。在评估重测信度时，必须注意重测间隔的时间。对于人格测验，重测间隔在两周到六个月之间比较合适。在进行重测信度的评估时，还应注意以下两个重要问题：1. 重测信度一般只反映由随机因素导致的变化，而不反映被试行为的长久变化。2. 不同的行为受随机误差影响不同。

（二）复本信度

复本信度是以两个测验复本来测量同一群体，然后求得应试者在这两个测验上得分的相关系数。复本信度的高低反映了这两个测验复本在内容上的等值性程度。两个等值的测验互为复本。计算复本信度的主要目的在于考查两个测验复本的题目取样或内容取样是否等值。复本信度也考虑两个复本实施的时间间隔。

复本信度的主要优点在于：1. 能够避免重测信度的一些问题，如记忆效果、练习效应等；2. 适用于进行长期追踪研究或调查某些干涉变量对测验成绩的影响；3. 减少了辅导或作弊的可能性。

复本信度的局限性在于：1. 如果测量的行为易受练习的影响，则复本信度只能减少而不能消除这种影响；2. 有些测验的性质会由于重复而发生改变；3. 有些测验很难找到合适的复本。

（三）内部一致性信度

内部一致性信度主要反映的是测验内部题目之间的关系，考查测验的各个题目是否测量了相同的内容或特质。内部一致性信度又分为分半信度和同质性信度。

1. 分半信度系数是通过将测验分成两半，计算这两半测验之间的相关性而获得的信度系数。测验越长，信度系数越高。修正公式是斯皮尔曼—布朗公式。斯皮尔曼—布朗公式为校正分半信度的经验公式，它的假设是两半测验分数的变异数相等。当假设不成立时，可以采用弗朗那根（Flanagan）公式或卢伦（Rulon）公式，直接求得测验的信度系数。

2. 同质性信度是指测验内部的各题目在多大程度上考查了同一内容。同质性信度低时，即使各个测试题看起来似乎是测量同一特质，但测验实际上是异质的，即测验测量了不止一种特质。同质性分析与项目分析中的内部一致性分析相类似。计算同质性信度的公式包括库德—理查逊公式和克伦巴赫 α 系数的计算。对于一些复杂的、异质的心理学变量，采用单一的同质性测验是不行的，因而常常采用若干个相对异质的分测验。

(四) 评分者信度

评分者信度是指不同评分者对同样对象进行评定时的一致性。最简单的估计方法就是随机抽取若干份答卷，由两个独立的评分者打分，再求每份答卷两个评判分数的相关系数。这种相关系数的计算可以用积差相关方法，也可以采用斯皮尔曼等级相关方法。

四、信度和效度的关系

信度和效度存在以下关系。

(一) 信度为效度的必要而非充分条件

如图 5－1 所示，根据经典测量理论，$S_X^2 = S_T^2 + S_E^2$，当随机误差的变异数（S_K^2）减小时，真分数的变异数（S_T^2）增加，测验信度（S_T^2/S_E^2）随之提高。信度的提高只给有效变异数（S_V^2）的增加提供了可能。至于是否能提高效度，还要看系统误差变异数（S_I^2）的大小。可见，信度高效度不一定高。但一个测验要有高的效度，真分数的变异数（S_T^2）必须占较大的比重，即测验的信度必须高。例如，用智力测验来测量智力是有效的，也是可信的；而用智力测验来测量成就动机，虽然多次测量的结果是一致的，即有高的信度，但效度却很低。

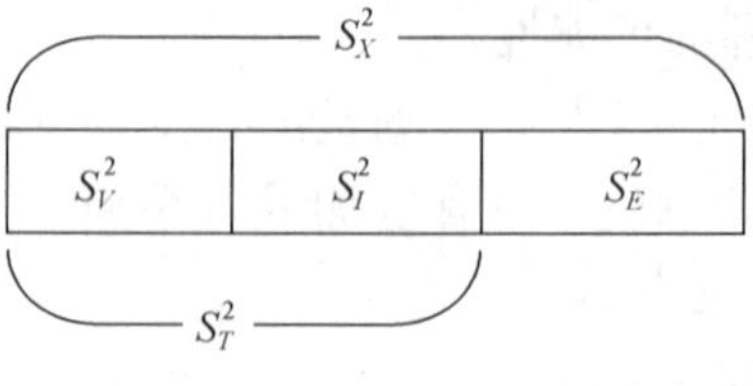

图 5－1　信度和效度的关系（邓日昌，1987）

(二) 效度受到信度的制约

根据信度和效度的定义（$r_{xx} = \frac{S_T^2}{S_X^2}$，$r_{xy}^2 = \frac{S_v^2}{S_X^2}$），以及 $S_X^2 = S_T^2 + S_E^2$ 可以得到：$r_{xy}^2 = r_{xx} - \frac{S_I^2}{S_X^2}$，可见 $r_{xy}^2 \leq r_{xx}$，一个测验的效度总是受到其信度的制约，总小于信度。信度和效度的关系就像打靶的成绩一样，有以下三种关系：信度高，但缺乏效度；没有信度也没有效度；信度和效度都高（如图 5－2 所示）。无论是缺乏信度还是效度，都将使测量的质量受到影响。

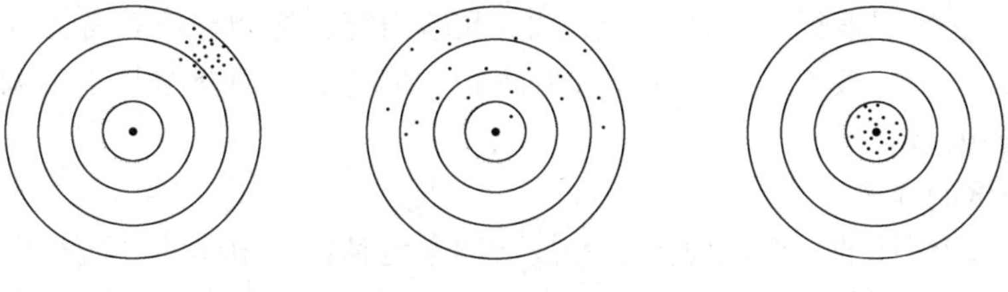

信度高，但缺乏效度　　没有信度，也没有效度　　信度和效度都高

图 5－2　信度和效度的比喻

五、影响测量信度和效度的因素

（一）影响测量效度的主要因素

影响测验效度的因素很多，除了前面介绍的影响信度的因素以外，测验本身、测验的实施和被试等都会对效度产生影响。其中有些因素的影响较为普遍且明显，有些因素的影响却不易察觉。

1. 测验本身

（1）项目质量。测验的指导语和试题的解答说明不明确，试题的编制不符合测量目的，试题难度不合适，试题的编排不合理，试题提供了额外线索，选择题的答案排列具有明显的规律性等，都会影响测验的效度。

（2）项目数量。增加测验长度不但能提高测验信度，在一定程度上也能提高测验的效度。

2. 测验的实施

在施测时不遵照指导语，被试作弊，测验环境太差，评分标准不客观，记分错误等，都会影响测验的效度。

3. 被试

（1）身心状态 。被试的兴趣、动机、情绪、态度、反应心向和身体状况等都会影响被试的反应，从而影响测验的效度。

（2）样本特点 。测验的效度和样本团体的特点具有很大的关系。同一个测验对于不同的样本团体其效度有很大的不同，因此在作效度分析时，必须选具有代表性的被试团体。样本团体的异质性对于测验效度是非常重要的。如果其他条件相同，样本团体越同质，分数分布范围越小，测验效度就越低；样本团体越异质，分数分布范围越大，测验效度就越高。

4. 效标

效标测量的可靠性以及效标和测验分数的关系类型也会影响效度。

总之，所有与测量目的无关而又能带来误差的因素都会降低测验的效度。

（二）影响测量信度的主要因素

影响信度的因素很多，被试、主试、测验内容、施测环境等各方面均能引起随机误差，导致分数不一致，从而降低测验的信度。下面介绍几个影响测验信度系数的重要因素。

1．被试的样本

影响信度估计的一个重要因素是被试样本的情况。团体的异质程度与分数的分布有关，一个团体越是异质，其分数分布的范围也就越大，信度系数也就越高。由于信度系数与样本团体的异质性有关，因此我们在使用测验时，不能认为当该测验在一个团体中有较高的信度时，在另一个团体中也具有较高的信度。此时，往往需要重新确定测量的信度。经研究表明，信度系数不仅受样本团体的异质程度的影响，也受样本团体平均水平的影响。因为对于不同水平的团体，项目具有不同的难度，每个项目在难度上的变化累积起来便会影响信度。但是，这种影响不能用统计公式来推估，只能从经验中发现。

2．测验的长度

一般来说，测验越长，信度值越高。这是因为：（1）测验加长，可能改进项目取样的代表性，从而能更好地反映受测者的真实水平；（2）测验的项目越多，在每个项目上的随机误差就可以互相抵消。

3．测验的难度

测验的难度与信度没有直接对应关系，但是当测验太难或太易时，分数的范围就会缩小，从而降低信度。显然只有当测验难度水平可以使测验分数的分布范围最大时，测验的信度才会最高，通常这个难度水平为0.50。当题目过难时，被试可能凭猜测作答，从而也会降低信度。

第三节　误差

一、何谓误差

误差（error）就是对正确的偏离。在心理学中常常用到这个术语。在应用该术语时，研究者主要关注的是误差的来源；该术语的修饰词起着确定和指出误差源的作用。例如，绝对误差（absolute error）是指量度的观察值与真值之间的差别的绝对值（即不考虑正负）。例如，对某一标准时距的高估2秒与低估2秒所产生的绝对误差是一样的。又如，抽样误差（sampling error）是指某总体内的一个统计数的真值与从该总体内的一个样本中得出的那个统计数的估计值之间的差异。测量误差（measurement error）是一种因测量手段的偏差所造成的常误。

二、误差类型

从前述缺乏效度或信度的讨论中可以了解到，测量误差只是在心理学研究中可能出现的多种误差之一。在心理学研究过程中可能出现各种误差，表 5－3 列出的是不同类型的误差及其在各研究阶段可能出现的情况。甚至在研究开始之前，研究者也可能由于选择了一个不相关的或不重要的研究题目而在一定意义上造成了误差。在表 5－3 的第一阶段中，如果提出的概念和假设模棱两可，难以下操作性定义，就会导致测量得到的结果缺乏内容效度，从而使整个研究价值降低。由于第一阶段工作导致缺乏了内容效度，因而也必然导致缺乏信度，因为后者是依前者而定的。但是，即使概念明确，定义充分，假设恰当，如果在第二阶段中建立起的测量工具（如问卷）中的项目表达不清，被试不理解，其结果也是缺乏信度和效度的。如果不同的被试对同一题项的意义有不同的理解，也会导致无效的和不可信的资料。

表 5－3　心理学研究过程中的误差类型

研究阶段	误差类型
1. 提出概念和假设 （包括操作性定义的界定）	缺乏内容效度
2. 确立研究手段（例如问卷）	缺乏信度（所问问题的用词错误或含混不清）
3. 取样	缺乏外部效度（取样误差）
4. 资料搜集	因没有控制下列因素而造成的误差： （a）环境 （b）被试的个人特征（疲劳等） （c）被试和研究者之间的关系 （d）研究手段的缺点（录音声音有缺点、设备失灵等） （e）主持问卷者误解了指导语
5. 编码	编号或记录错误
6. 资料分析	误用统计或误解资料

在第三阶段中，取样不充分会导致结果缺乏代表性，造成研究结果仅适用于特定的样本，而缺乏外部效度。

在第四阶段中，资料搜集时有许多可能的误差源，包括无法控制的外部环境因素，被试的内部因素（如期盼、倦怠、注意力分散），研究者和被试间的关系，或者设备失灵（如录音机出毛病）等。

在第五阶段中，把问卷中的答案进行编码或将其转输到计算机上，可能会产生笔误或输入错误（在第四阶段中，被试回答问卷时也会产生这类误差）。因被试的字迹难辨会导致编码错误，还有一种可能是将一个人的回答错编成另一人的，等等。

最后是资料分析阶段。这里的误差可能源于对资料的错误解释。造成这种误差，是因为从资料中得出了不正确的结论，或者明明资料并不说明什么而偏说它们说明了什么。这种误差之所以发生，是因为研究者对资料的分析有倾向性，或未受过适当的训练。这一阶段另一个最常见的错误是选择了错误的统计方法来分析资料，因而导致结论错误。

在心理学研究中可能导致的各种误差，其严重性（它们对研究结果所造成的损害程度）和所能克服或纠正的程度都各不相同。误差可能是偶然性的，也可能是系统性的。由偶然因素造成的误差被称为随机误差（random error），这种误差原则上是偶然性的、无任何特定形式的。这类偶然误差，只要样本数目足够大，往往能互相抵消，机误的总和接近于零。我们当然希望什么误差都没有，但偶然误差似尚可容忍，因为它们对我们整个的结论没有或几乎没有影响。

系统误差（systematic error）则不是偶然性的，而是定型式的，因素间也不能互相抵消掉。不过，既然这类误差是定型式的，它们就较易被发现、去除或在无法去除时加以纠正。例如，在邮寄问卷研究时，回收的问卷中被试在回答教育水平一栏上只有不到60%的回答率，这种无回答现象显然不是由于偶然疏忽所致，而是由于被试教育水平较低所致。一旦找到了造成此种误差的原因，那么我们就能加以纠正。

【建议参考资料】

1. 墨菲，大卫夏弗. 心理测验：原理和应用［M］. 张娜，杨艳苏，徐爱华，译. 上海：上海社会科学院出版社，2006.

2. 周文钦. 研究方法：实征性研究取向［M］. 台北：心理出版社，2002.

3. 维尔斯马. 教育研究方法导论［M］. 袁振国，译. 北京：教育科学出版社，1997.

4. SALKIND N J, RAIWATER T. Exploring research［M］. 4th ed. Upper Saddle River: Prentice Hall, 2000.

5. 贝利. 现代社会研究方法［M］. 许真，译. 上海：上海人民出版社，1986.

6. 凌文辁，方俐洛. 心理与行为测量［M］. 北京：机械工业出版社，2003.

【问题与思考】

1. 心理研究中的测量有哪些层次？
2. 简述信度和效度的含义以及评定方法。
3. 简述信度和效度的关系以及影响信效度的因素。
4. 心理研究中误差的来源有哪些？
5. 信度和效度究竟是测量工具、测量结果还是测量系统的基本特征？

第六章 观察法

【本章提要】

观察法是研究者通过感官或借助于一定科学仪器，在一定时间内有目的、有计划地考查和描述客观对象（如人的各种心理活动、行为表现等）并收集研究资料的一种方法。这种方法对检验心理学的科学假说、发展心理科学理论具有重要意义。根据不同标准可以将观察法分成：自然观察法和实验观察法；直接观察法和间接观察法；参与观察和非参与观察。为了保证观察研究达到预定目的，事先必须进行观察设计，包括明确观察的目的、确定观察内容、选择观察策略、制订观察记录表以及训练观察人员等五个方面。观察法的实施可分为获取观察资料和呈现观察结果两个过程。主要策略涉及参与观察、时间取样观察、事件取样观察、行为核查表四种。另外，为了避免观察法的误差应注意三个方面：减少观察者对被观察者的作用；防止观察者倾向性的作用；消除观察者的期待反应。

【学习重点】

1. 了解观察法的含义、分类。
2. 掌握观察法的策略和避免观察者误差的方法。
3. 熟悉运用观察法的设计与实施。

【重要术语】

自然观察法　实验观察法　直接观察法　间接观察法　参与观察　非参与观察　时间取样观察　事件取样观察　行为核查表

第一节 观察法概述

一、观察法的含义及作用

观察法是研究者通过感官或借助于一定科学仪器，在一定时间内有目的、有计划地考察和描述客观对象（如人的各种心理活动、行为表现等）并收集研究资料的一种方法。譬如，研究者通过详细观察和记录学生在学习、游戏、劳动等各种情境下的行为表现，了解学生各种心理特点；通过观察教师上课提问及学生回答情况，分析课堂中师生相互作用的模式。

在科学尚未诞生之前，观察是认识客观世界的主要方法。在科学高度发达之后，观察仍然是科学研究的基本方法之一。首先，在许多学科研究（如天文学、气象学、地理学、植物分类学）中，由于研究对象难以用实验方法进行干预和控制，故仍把观察作为主要研究方法。而对于另一些学科（如社会心理学、儿童心理学、教育心理学、咨询心理学、临床心理学），观察法则可能是收集科学事实资料的重要方法之一。而且即使是在使用其他主要研究方法时，观察法也是不可缺少的，经常需要将其他方法和观察法结合使用。通过其他各种方法搜集来的资料也常需要用观察法加以核实。其次，当研究者没有随机选择和分配被试的条件，也无法主动操纵自变量、明确设定因变量以及有效控制额外变量时或者当课题不适宜采用实验法或其他研究方法时，观察法常被用于发现变量与变量之间的共存或共变关系，以分析和初步判断人的行为表现和心理活动的发生和发展规律。再次，随着科学技术发展，观察法吸取了情报学、决策学、管理学、控制论、信息论、系统论等现代科学思想，采用录像、录音、摄影、电子计算机等现代技术手段，从而使观察范围扩大，观察结果更加可靠、有效。上述原因促使科学研究更加广泛地使用观察法，使观察法成为收集心理科学研究资料的基本方法。

观察法是心理科学研究中最基本、最普遍的一种方法。观察法具有如下重要作用。

第一，观察法是收集人类心理活动及其变化发展规律的科学事实和研究材料的基本途径。由它所得来的大量而丰富的材料，是心理科学研究的基础，是发现和提出问题的前提，是一切心理科学知识的起点。正是在这个意义上，人们说科学始于观察。在心理学研究领域，许多重要理论（如皮亚杰的认知发展理论，弗洛伊德的精神分析理论，安斯沃思的依恋理论）都是心理学家在对研究对象进行长期、深入观察的基础上提出来的。大量新的观察事实不断启迪心理学工作者继续探索并从理论上予以概括，从而揭示心理本质和规律。

第二，观察不仅是心理科学知识发展的基础和源泉，而且对检验心理学的科学假说、发展心理科学理论具有重要意义。科学上任何重要的理论在未被验证时都只能是假说。弗洛伊德理论虽然影响甚广，但因缺乏大量可观察的、相一致的事实证据，至今仍是一种假说，并且受到大量批评和修正。而皮亚杰则因其提出的认知发展阶段理论的基本观点被不同文化背景下取得的观察事实所证实而著名于世，对心理科学及其他相关学科影响甚大。

二、观察法的分类

（一）自然观察法和实验观察法

根据观察数据是在自然条件下还是人为干预和控制条件下取得，观察法可分为自然观察法和实验观察法。

自然观察法指在自然发生条件下，在对观察对象不加干预和控制的状态下，收集其心理活动和行为表现的事实资料的一种方法。主要优点是使观察对象的心理活动和行为表现处于自然状态，能收集到观察对象在日常现实生活中的真实、典型、一般的行为表现。缺点是研究者较多地处于被动状态，整个观察活动及过程更多地取决于观察对象。此外，也难以揭示观察对象在自然状态下许多较少表现出来的心理特点。

实验观察法指通过人为改变和控制一定条件，有目的地诱发研究对象的某些心理现象，以便在最便利条件下对它们进行观察，收集有关研究资料的一种方法。实验观察法与自然观察法的显著区别在于：研究者需要改变和控制观察对象。因而，实验观察法可以排除偶然、次要因素，使观察对象行为特点呈现得更加清楚；可以多次再现研究对象的心理现象，以便对其反复观察。

（二）直接观察法和间接观察法

根据观察时是否借助仪器，观察法可以分为直接观察法和间接观察法。

直接观察法是指直接通过感官考查心理活动和行为表现，收集科学资料的一种方法。由于在观察者和观察对象之间不存在任何中介物，因而采用直接观察法，具有直观、生动、具体等优点。局限性在于：首先，研究者感官只能接受一定范围信息，如人眼对红外线、紫外线不具感受性；其次，感官灵敏度有限，如人眼不能清楚地观察速度过快或过慢的物体运动变化，且易发生错觉；再者，由于人类的注意和记忆容量有限，研究者在观察时不可能同时注意到许多行为和事件，也难以及时地将其精确记录下来以便随后分析，更不可能将其全部清晰地记忆在头脑中；最后，观察者的在场还可能引起观察对象的行为变化，使观察到的行为表现有别于他们平常的典型行为。为此便需要借助外在仪器来帮助观察记录，这样就产生了使用相关仪器的间接观察法。

间接观察法指借助于一定的仪器或装置观察、记录观察对象的心理活动和行为表现的一种收集研究资料的方法。观察仪器既能把人的感官不能直接观察的对象变为可观察的对象，又能把人的感官过去难以同时、全部把握的对象变为可同时、全部把握的对象。在采用自然观察法进行心理科学研究时，可使用仪器颇多，如电影、录音、录像、照相设备等，它们对于提高心理科学研究的水平具有重要意义。可以说，从凭借感官直接进行观察发展到通过仪器作为中介而进行观察，这是观察法发展中具有重要意义的飞跃。当然，间接观察法也存在诸如仪器经费开支较大，仪器使用可能影响观察对象的正常状态等不足之处。

（三）参与观察和非参与观察

根据观察者是否直接参与到被观察者所从事的活动之中，观察法可分为参与观察和非参与观察。

参与观察是观察者参与到被观察者的实际活动情境之中，并通过与被观察者的共同活动从内部进行观察。根据参与程度的不同，又可将参与观察分为完全参与观察和不完全参与观察。前者指观察者完全参与到被观察者群体之中，作为一个成员进行活动，并在群体正常活动中进行观察。例如，为了研究人们参加宗教活动的心理学问题，研究者完全参加了某一宗教活动，并从中观察记录有关情况，此时他们既是研究者，同时又是宗教活动的参与者。后者指观察者部分地参与到被观察者群体中，并通过自身的活动进行观察。例如，儿童心理学工作者到中小学参与学生某些活动，同时进行观察，就是一种不完全参与观察。一般而言，参与观察比较全面、深入，能获得大量真实研究资料，但观察结论易带主观情感成分。此外，由于它要求观察者参与被观察者的活动，因而比较费时，同时对观察者能力要求较高。

非参与观察就是观察者不参加观察者的群体，不参与任何活动，完全以局外人或旁观者身份进行观察。如在幼儿园一角观察某儿童与其他小朋友相互交往的情况，就是非参与观察。一般而言，非参与观察比较客观、公正，但由于观察者未参与被观察者的活动，因而可能只是看到被观察者一些表面的甚至是偶然的心理活动和行为表现，缺乏对所观察资料的深刻理解，只能获得初步事实和资料。

三、观察法的特点

观察法作为心理科学研究中收集人类心理活动和行为表现有关资料的一种基本方法，具有以下特点。

第一，观察是一种有目的、有意识收集资料的活动。观察是根据研究课题的需要，为解决一定的问题而进行的，其目的在于获得第一手经验事实材料。总之，由于在进行观察活动时，研究者是自觉的，而不是盲目的，是主动的，而不是被动的，因而观察具有选择性，即观察者总是根据自身目的把注意力集中和保持在观察对象上，排除其他无关刺激的影响。因此，在观察前研究者通常要根据研究任务来确定观察对象、观察条件、观察范围和观察方法，以保证观察有目的地进行。

第二，观察是在自然发生的条件下，在对观察对象不加任何干预和控制的状态下进行的，这使得心理科学研究者能够考查观察对象在日常现实生活、学习等活动中的真实的、典型的和一般的心理与行为表现。但是，观察对象是当前正在发生的事实现象，具有直接性。观察不适用于过去的事实现象。观察者和观察对象共处于一个研究体系中，这使得观察者能够直接地、准确地了解到观察客体发生、发展的过程，获得真实而详细的资料。

第三，观察是在一定的心理科学理论指导下进行的，其结果的解释也是以有关理论为前提。在心理科学研究中，一个研究者能不能观察到或理解眼前现象，取决于运用何种理论。换言之，理论决定着到底能够观察到什么。例如，面对一张人类思维活动时的脑电图，心理学家可以从中看出大脑两半球活动的一些规律，而对于局外人来说，它则只是一些乱七八糟的线条。总之，心理科学知识和理论水平不同，观察结果和对其的解释可能不同。

第二节 观察法的设计、实施及策略

一、观察法的设计

要保证观察研究达到预定目的，事先必须进行观察设计。一般而言，观察法的设计通常包括五个方面内容。

（一）明确观察目的

在心理科学研究中，研究者要有效地运用观察法，事先必须明确“为何而观察”，即通过观察收集而来的资料拟解决或回答什么问题。明确观察目的，也就是要理解和把握研究问题的性质和内容。只有针对问题的性质内容选取的观察方式、方法，才可能是最适宜、最有效的。因此，在观察设计中，研究者应该通过阅读有关文献，请教有关专家或与同行交流等多种方式，了解问题的背景，更全面、更深入地认识和了解观察问题的相关背景。

（二）确定观察内容

观察设计的第二步就是在明确观察目的和任务的基础上确定好具体的观察内容，它是整个观察研究的前提，同时也是观察研究能否成功的根本保证。实践表明，一个好的观察内容应具备两点：第一，能准确地反映、体现或说明观察目的；第二，可以被观察到。为此，观察者应通过查阅有关文献资料，研读已有报告书籍，向有关专家学者咨询请教，召开座谈研讨会，并深入实际进行初步的必要的调查研究，从中吸取有参考价值的东西，然后制订出合适的详细的观察内容。

（三）选择观察策略

进行一项具体的观察研究，观察策略的合适与否常常是十分重要的。许多事实表明，由于观察策略的选择不当，常使得观察工作事倍功半甚至收集不到所需要的研究资料。而要选择出一种合适的观察策略，观察者必须对各种观察策略有比较深入的了解，对每种观察策略的适用条件、优缺点等做到心中有数，这样才能结合自己的观察目的，灵活并准确地选择出合适的观察策略。

（四）制订观察记录表

观察研究的关键问题之一就是如何获取资料。显然，观察记录表是解决这一问题不可缺少的工具和技术手段。随着观察方法的不断发展，观察记录技术也日益完善，如在制订观察记录表时，可使用观察代码系统的技术。需要指出的是，制订观察记录表应尽可能做到简单易行，可靠有效。

（五）训练观察人员

随着观察研究的水平及复杂程度的日益提高，对观察人员能力和素质的要求也越来越高，特别是在某些特定的观察（如参与观察）中更是如此。因此，对观察人员的培训在观察设计时应进行考虑。

二、观察法的实施

完整的观察研究大体上包括观察设计和观察实施两大步。观察者完成观察设计之后，接下来的重要工作就是观察的实施。通常观察法的实施可简单分为获取观察资料、呈现观察结果两个过程。前者具体来说就是观察者按照在观察设计中制订的程序进入观察情境，采用事先选择好的观察策略和技术手段进行观察，并把观察到的资料记录下来；后者具体指对所收集到的观察资料进行整理、分析，作出结论和推论，并将其以报告的形式呈现出来。由此可见，观察实施与观察设计密切相关。观察实施可以说是观察设计的实际化。然而，由于观察实施是在具体环境下进行观察、记录乃至分析，而观察情境是具体、变化的，可能存在许多设计时未考虑的问题，因此，观察实施过程并不是简单地把观察设计转化为现实，它常常需要观察者在实施时根据需要不断修改、补充，灵活处理。

为了保证观察实施的质量，观察者在具体的观察实施中应注意许多问题。前面已指出观察法是依靠观察者通过观察而收集资料的方法。因而观察者的客观、中立态度是十分重要的，而这一点比较难以做到。例如，观察者在观察实施中常受到“晕轮效应”、“趋中效应”的影响。显然这些因主观影响产生的反应偏差会大大降低观察结果的可靠性。类似这样的问题，观察者在实施观察时应特别重视，以便防止和控制偏差，保证观察资料客观、可靠。

三、观察法的主要策略

观察法的主要策略包括参与观察、时间取样观察、事件取样观察、行为核查表策略等四种。

（一）参与观察策略

1. 适用条件

采用参与观察，通常是为了收集较为完整且具有深度的资料，旨在对研究现象的发生、发展的真实情况有全面而直接的了解和较深入的理解。一般地说，采用参与观察主要目的不在于验证某种理论或假设，也不是为了揭示某种因果关系或作出某种预测，而常常在于进行探索性研究。

众所周知，参与观察的显著特点就是要求观察者参与到观察对象的活动中去，这可能会对参与观察研究的信度、效度及结果的解释产生某些影响，因此，采用参与观察时须考虑下列条件，以尽可能排除各种额外变量的影响，提高研究结果的可靠性与有效性。

第一，观察者自身的条件。观察者是否有充足或较长的时间来从事观察，是否既能与被观察者和谐相处，成为其中一员，又能客观地、中立地进行观察记录，是否掌握一定的观察技巧等，都是选用参与观察法需要考虑的重要因素。

第二，观察者的研究目的。观察者是否拟对某一特定现象或观察对象作一全面、综合的了解，是否拟深入了解研究对象的动态过程，是否打算在自然情境中从事研究工作等。

第三，被观察者的条件。被观察者或团体是开放的还是封闭的，与观察者的差异程度如何等因素，直接影响着进行参与观察的可行性和难易程度。

2．实施步骤

如前所述，参与观察的主要目的不在于验证某种假说，因而它不必受某种假说限制，这使得它的实施步骤与一般实证性观察研究有所不同。后者往往是一个提出并验证假说的过程，而前者却是一个发现和提出问题的过程。具体地说，参与观察的实施分为如下五个步骤。

（1）界定问题

界定问题即选择和确定研究问题，当然，在选定参与观察的研究问题的同时，也基本上确定了观察者与观察对象。因为问题的选择和确立必须考虑到在某一特定的情境里观察者是否能进行自然观察。比如，要研究“教师期望对师生交往的影响”，就需要考虑在什么样的学校、在哪个年级和班级进行，观察者应具备哪些知识、能力和观察技能。

（2）进入情境

重视对所观察和参与情境的了解，努力在进入研究情境时给被观察者以预定的最佳印象，是参与观察不同于其他观察方法的重点之处。其目的是要建立和保持观察者与被观察者之间的良好信任关系，获得被观察者无意之中的配合，以保证参与观察的顺利进行。例如，在研究某团体中的同伴关系时，观察者必须了解该团体的特点和规范，参加团体的活动，适应其生活习惯，努力使自己被该团体认同，与该团体成员建立良好人际关系，分享其思想与情感，以便能观察和收集到真实有效的研究资料。

（3）记录资料

在参与观察中，记录资料会碰到许多技巧性问题，如观察者如何将资料记录下来？什么时候把资料记录下来？在同被观察对象一起参加活动（如发言、野餐）的同时要把观察到的事实、资料记录下来显然是困难的，而采取事后回忆记录的方式，又难免会出现记忆不准确、不全面的情况，如事后记录往往对被观察者的详细特征、活动强度以及带感情色彩的声调等难以进行精确的描述。解决这些问题需要观察者具有丰富知识经验、隐蔽而有效的观察记录技能和较强应变能力。

一般来说，参与观察要记录的资料范围很广，包括所观察全部行为模式、行为发生时间、频率及持续时间、行为发生背景等，有时还需要记录一些文字性的资料，如生平简介、学校文件等。在记录资料时，观察者必须自始至终努力保证记录的客观真实性。

（4）分析资料

记录资料之后，接着是分析资料。最好能在短期内进行分析和总结，这样可以避免由于事过境迁而无法准确地对资料作出解析。为了尽量保持准确和客观，研究者最好在观察记录的同时或当天给予初步分析，一星期左右给予总结。在分析和解释资料时，应努力了解被观察者的真实意图。资料分析的内容较多，其核心是要体现资料的各部分之间的内在联系，从而揭示出行为的深层意义。

（5）呈现结果

呈现结果也就是观察报告的撰写。在资料分析整理基础上，研究者自然能从中归纳出研究结果和结论。呈现结果时，如果涉及需要推论的部分，一定要慎重小心。参与观察收集的资料虽然丰富，但毕竟只是参与观察者的所观所记，难免存在片面性。此外，结果的呈现还应遵循研究的伦理性原则，应避免提及观察对象的隐私和可能对观察对象造成不良影响的任何东西。

3. 评价

参与观察策略有三个显著的优点：一是研究者开始研究时不必使用特定假设，因此能在研究过程中不受假设约束，研究者无先入为主的偏见，结果可靠并且常常能有意外而重要的发现。二是效果较好，因为观察者参与其中，既有深刻的自我体验，又能与被观察者建立融洽的关系，对所观察活动有更深入、更真实的了解，并且能更及时地发现新研究信息。三是观察者始终参与被观察者的活动，因此不仅能收集到静态信息，而且能够收集到动态资料。这些优点较好地克服了心理科学研究中长期存在的一些不足和局限，诸如研究受量化、实证主义思想的支配，无法收集到动态过程的资料，无法深入了解研究现象背后的真正意图等。

当然，参与观察也存在一些不足，如费时、费力，收集资料琐碎且不易系统化，研究信度不太高，结果推论的范围有限等。为此，在采用参与观察策略时，必须对观察者进行培训，使观察者掌握一定的观察手段和技术，具备应付各种问题的能力，如处理好与被观察者的关系。在观察记录时坚持客观态度等，否则就会影响整个参与观察研究的进行及结果的可靠性。

（二）时间取样观察策略

1. 含义与作用

时间取样观察策略是美国明尼苏达大学沃尔森教授在 20 世纪 20 年代研究儿童神经性习惯时提出来的。它要求观察者事先确定所要观察的维度，然后据此有选择地在某些时间段内观察某一特定行为或发生的事情，并把所观察到的结果记录到事先拟定的记录表上。

时间取样观察策略可以帮助研究者收集以下三方面的内容：（1）某一行为或事件是否出现或发生；（2）该行为或事件出现或发生的频率如何；（3）该行为或事件出现或发生的持续时间有多长。当然，在每项具体研究中，需要测量以上一个或几个方面的内容，完全取决于研究的具体目的。例如，有的研究者采用3分钟时间单位去研究学前儿童依赖行为。为此，他们记录这3分钟内儿童所有依赖行为、独立行为或单独游戏行为。如果在3分钟内某一儿童有4次向老师寻求帮助，那么在依赖性方面他就被记了4分，在这种情况下，时间取样策略显然是被用于研究某一行为发生的频率。

2. 适用条件

由上可知，时间取样观察策略运用的前提条件是将在一些较短时间内观察到的被试行为视为他们平时一般行为的代表性样本。为此，需要考虑以下两个问题。

第一，时间取样观察策略只适用于经常发生或出现的行为，一般来说，平均至少每15分钟出现一次。如果研究者对这点不能肯定，那么就必须首先花时间深入实际，进行初步的实际观察，以确定所要研究的行为或事件是否经常地发生或出现，以及影响这些行为出现或发生的各种个人或情境因素。

第二，时间取样观察策略只适用于易被观察到的一些外显行为，而不适用于内隐或隐蔽性行为，如人脑的心理活动或个人隐私行为。

3. 实施步骤

（1）界定问题与对象

界定研究问题与对象主要包括以下四个方面的工作：①根据研究目的确定需要观察的行为，如幼儿友好行为；②给有关概念作出明确操作定义，如将幼儿的友好行为具体化为分享、谦让、帮助、抚慰、关心、同情、礼貌等具体行为；③确定观察对象的数量，一般来说，研究个体差异较大或反应水平众多的行为时，所需被试数量较多，反之则少；④根据研究的要求与具体条件，确定观察的次数和时间间隔，在实际研究中，为了取得有代表性的行为样本，研究者应当根据研究目的慎重确定观察活动的持续时间与时间间隔。

（2）编制记录表

时间取样观察是在选取特定时间区间内对研究对象进行观察记录。为了能在有限时间区间内有针对性而有效地观察和记录所要获取的研究资料，研究者事先需要设计一张记录表。根据这张记录表，观察者可以核对事先被选定所要观察的行为，计算行为发生的频率或测量行为的持续时间。

编制记录表主要有两方面工作。第一，确定要记录的信息；第二，确定每一观察单元的时间区间的长短、间隔和数量。其中，时间区间的长短须考虑到所研究行为或事件发生的频率和持续的最短时间，两个时间区间的间隔长短取决于所选用时间区间的长短、在一个时间区间内被观察者数量以及需要观察记录内容的多少，而时间区间的数量则取决于究竟需要观察多长时间才能取得有代表性的行为样本。

此外，编制记录表还须注意许多技术和使用上的问题，如记录表的形式要简单，尽可能使记录表清楚明了，表上最好留出一些空白的地方，用以记录观察过程中出现的无关但很重要的情况，这对于随后分析是很重要的。当然这类知识和经验需要研究者在实际应用中不断总结和归纳。

（3）记录资料

为了简化记录的复杂程度、尽可能多收集资料以及利于进行量化分析和处理，许多时间取样观察要求在记录资料时选择和使用一定的观察代码系统。采用观察代码系统，观察者就可以将一些大的行为单位分解为小的行为单位来进行观察，使用特定的代码符号来记录不同的行为表现，进而能节省大量时间和精力。此外，采用观察代码系统的记录结果也较可靠、直观，且易整理。可见，观察代码系统是一种很适合记录的技术手段。采用观察代码系统进行实际观察之前，观察者应充分熟悉和理解代码系统。为了有效地做好观察记录工作，观察者应当牢记代码系统，熟记有关行为的操作定义和所使用的代码符号。

（4）分析资料

由于在记录时已经将信息进行了压缩，特别是采用了观察代码系统，获得的资料已用事先确定的代码符号表示，而代码符号本身又体现了对所观察内容的分类，因而，整理与分析时间取样观察收集到的资料是比较容易的，且适于用计算机处理。

4．评价

时间取样观察是一种有效的观察策略。由于在进行实际观察以前，观察者已做了大量周密细致的准备工作，如给有关概念和术语下操作定义、决定时间区间、编制记录表等，因而观察和记录工作都简单易行。同时，由于能在合理的时间范围内观察较多的被试，因此用时间取样观察所获得的结果可以进行推论。此外，时间取样观察还具有下列优点：（1）观察目的明确而具体，研究者可以对观察内容及过程进行更有效的控制；（2）研究者能在较短时间内获得大量的观察数据资料，同时易于取得有代表性的行为样本；（3）省时、省力，同时又能有效地保证精确性和客观性；（4）观察者不需要干扰被试的正常活动；（5）能提供量化数据，有助于对个体或群体进行各种统计分析。

当然，时间取样观察策略也存在许多局限性。除了前面提到的适用条件外，它还有以下不足：（1）除非在观察时进行特别记录，否则通过时间取样观察难以得到有关环境与情境的信息，观察资料也难以向研究者清楚地表明某种行为发生的背景；（2）由于采用时间取样观察进行的观察内容只局限于某方面，加之观察记录结果没有保持行为发生的顺序和连续性，因而难以揭示行为的相关关系及因果关系。总之，时间取样观察的主要不足在于缺乏连续性，缺乏背景信息和自然性，特别是当时间区间和行为单位很少时，更是如此。但总的来说，时间取样观察策略仍不失为我们探讨行为的普遍性、确定观察常模的有效和必不可少的重要方法。

（三）事件取样观察策略

事件取样观察策略同时间取样观察策略一样，也要求观察者事先确定所要观察的特定事件或行为，然后观察记录该事件或行为的发生情况。下面分别讨论事件取样观察策略的基本特点、适用条件、实施步骤、优点及局限性。

1．事件取样观察策略的特点与适用条件

虽然事件取样观察策略与时间取样观察策略都是对心理活动和行为表现进行有选择的取样观察，但它在以下几方面不同于时间取样观察策略。

第一，时间取样观察考查的单位是时间区间，而事件取样观察考查的是行为事件本身。在事件取样观察中，观察者没有时间限制，只要所研究的行为事件发生，研究者就可对其进行详细观察和记录。

第二，时间取样观察只能研究每 15 分钟至少发生一次的行为，但事件取样观察则可以研究各种各样的行为，不受行为发生频率的限制。

第三，相比较而言，时间取样观察较适合于专业研究者使用，而事件取样观察则较适合于教师使用。一方面，因为任何一项研究都有一定的时间限制，它要因人因事因经费而定，采用时间取样观察可以使研究者比较明确地知道研究要持续多长时间，但采用事件取样观察策略时，研究者需要坐等所研究的行为、事件的出现，难以确定自己收集资料需要花费多长时间。另一方面，因为事件取样观察注意的是行为、事件本身及其特征而不是时间，所以它适合教师在日常教育工作中使用。

第四，事件取样观察和时间取样观察获得的结果是不同的。时间取样观察研究的是事件或行为是否存在，而事件取样观察研究的是事件或行为的特征。以观察研究教师的言语表达为例，在事件取样观察中，研究者注意的是教师与谁进行交谈，交谈之前的行为是什么，交谈的结果是什么等；而在时间取样观察中，研究者注意的则是教师进行言语表达的次数和持续时间。

2．实施步骤

在实施事件取样观察时，还应注意下面几点。

（1）确定所要观察的特定事件或行为，给其下操作定义，并尽可能对所研究事件或行为有所了解。这样，研究的事件或行为一旦发生，就能及时地辨认并记录下来。

（2）确定观察的时间和地点。在不同时间、不同地点研究同一行为可能会得出不同的结论，因此，确定有代表性的时间、地点是十分重要的。

（3）确定所要记录的信息。事件取样观察既可以事先对所观察的行为进行分类，然后在观察中根据所确定、所研究的行为是否发生，有哪些特征等进行记录，又可以采用叙事型描述记录方法记录所观察到的信息，因而比较自由、灵活。

（4）在设计、使用记录表和代码系统时，应遵循它们各自的原则和方法，并努力使之简便易行。

3．评价

同其他观察策略一样，事件取样观察策略既有优点，也有局限性。它的主要优点是没有将行为与行为发生的情境分离开来，也就是说，它既注意到了行为本身，同时也注意到了行为发生的情境信息。这样，就易于研究者进行因果分析，说明并解释行为的原因、内容和结果。此外，事件取样观察能被用来研究任何一种行为或事件，且比较省时、省力。事件取样观察策略也有一定的局限性，由于它记录的是与行为或事件的特征、性质有关的信息（如行为为何发生、包括什么内容等），因而资料不易进行定量分析；虽然它已把行为与行为发生的情境联系了起来，但仍无法了解导致所观察行为或事件发生的条件和情境，使研究者难以了解该行为或事件的全貌。

（四）行为核查表策略

在观察研究中，行为核查表是研究者用来核查某种行为是否发生或出现的一种简表。使用行为核查表有助于观察目的的具体化，使观察活动更具有针对性。因此，在许多观察研究中，它也是普遍采用的观察策略之一。

1．编制步骤

一般而言，编制行为核查表要经历以下几个步骤：（1）根据研究目的确定所要观察的内容；（2）在核查表中分别列出所要观察的目标行为，这时将第一步的观察内容进一步具体化为观察的实际项目；（3）在核查表中按一定的逻辑关系组织、排列目标行为，核查表的组织方式是多种多样的，其中常常使用的是按项目的难易水平循序渐进地组织核查表；（4）核查表中所列项目应当包括所需要的一切信息，比如某一行为是否发生，第一次发生在什么时间，等等。

2．评价

行为核查表具有的明显优点是：简便易行，既适合专业研究者使用，也适合教师使用；有助于观察者迅速而有效地记录被观察者的行为表现，省时、省力；可以及时记下某种行为第一次发生或第一次被观察到的日期；结果易于整理分析。其局限性在于它几乎不能提供有关行为频率、行为持续时间，特别是行为性质、特征方面的信息，这使得它的应用受到诸多限制。

第三节 避免观察者误差的方法

在观察研究过程中，观察者的作用往往使观察和记录的客观性和可靠性受到影响，造成不同程度的观察误差。为此，要按计划进行一项良好的观察研究，就应认识到哪些不必要的观察者作用会造成对观察结果和记录的影响，从而设法将这种作用消除或减少。

一、减少观察者对被观察者的作用

在非参与性的现场研究中，观察者的出现特别是首次出现，常常会引起被观察者的好奇心和不反映真实情况的行为表现，致使记录所描述的情况失真，所得到的数据没有代表性。为解决和减少这种现察者对被观察者的作用，通常采用的方法是观察者进入现场时，至少在5—10分钟内对被观察对象所做的任何观察不作任何记录；或者观察者在正式观察之前，先多次进入观察现场，使被观察者习以为常；或者观察者在第一次进入观察场所之前与被观察者事先进行多次接触，使被观察者对观察者有所熟悉与了解。当正式观察时观察者的出现不致引起被观察者的注意，也就可以按要求进行记录。

另一种影响观察效度和得不到真实情况记录的原因是观察者事先向被观察者泄露了观察目的和内容。例如，假设观察的目的是记录美术课内教师和学生的交互作用的数量和时间长短，如果事先告诉教师，那么就有可能使教师有意地增加师生交互作用的频率，以迎合观察者的期望，致使以观察记录为依据的研究数据不能代表教师实际的课堂行为。因此，通常办法是事先不向教师说明观察的具体项目和目的，或者只笼统地谈一些。

二、防止观察者倾向性的作用

（一）观察者经验作用和“成见效应”误差

观察者过去的经验不同，往往会导致对同一情境和对被观察者行为反应的不同知觉、不同理解，从而作出不同的记录。特别是当观察者具有某种偏见性的经验倾向性时，则会使观察记录具有大量的潜在偏差。例如，在观察研究小学儿童的创造能力时，如果观察者对儿童创造力表现出明显的性别偏见，则势必导致观察者更多地看到某类性别儿童的创造行为，而忽略了对另一类性别儿童创造行为的观察记录。

另一种观察者倾向性作用是“成见效应”，这是指在观察过程中使用等级评定量表时，观察者由于对其所观察的对象已形成一种早期印象，因而在观察中对被观察对象的行为评定倾向于受观察者的早期印象影响。例如，观察者对被观察者产生的初期印象良好，则观察者在观察和记录等操作过程中，往往倾向于以偏爱的方式，在所有的量表上以积极的方面来评定被观察者；反之，初期印象不佳，则可能导致相反的观察与记录结果。

为了防止观察者在观察记录中出现这种经验倾向性的作用和减少由于“成见效应”引起的系统误差，常采用的方法是研究者在选择协助观察的合作者时，尽量避免在该研究课题方面有明显经验倾向性的人参加观察，另一个具体方法是分配两名或两名以上观察者同时到同一情境中观察并作记录，然后通过求其相关系数和一致性百分比决定观察者内部的一致性程度。需注意的是使用一名以上观察者时，每位观察者应独立工作，否则相互之间会发生交互影响，构成对结果的信度威胁。在许多研究中，各个观察场合均使用一名以上的观察者不太可能。因此，如果是为了检验观察者之间的信度，则应采用一名以上的观察者，其余场合可用一名观察者。

(二)“夸大化”误差和“集中趋势”误差

在使用等级评定量表进行观察记录时，除能出现上述的“成见效应”系统误差外，还经常会出现“夸大化”和“集中趋势”系统误差。

1.“夸大化”误差

“夸大化”误差指有些观察者对被观察者的行为反应，倾向于都给予同样等级的等级评定，甚至当被观察者之间有着比较明显的差异时，也给予同样等级评定的倾向。例如，有些观察者倾向于以等级评定量表中的最高级评定大多数个体，这叫做“优点夸大化”误差。

在有些现场研究中，研究者所依靠的是对情境缺乏控制的观察者，这也会带来误差，例如，研究者要观察研究关于某校教师的作用，所依靠的观察者却是该校的校长。因此克服这类误差的方法是研究中应全面控制研究的情境，全面训练观察者和挑选公正的观察者。

2.“集中趋势”误差

“集中趋势”误差是指在有些观察研究中，观察者倾向于用等级评定量表中的中等等级对被观察者作出评定。这种误差常发生在观察期间所要观察的某种行为并未发生，而观察者却认为应当记录某种信息，于是便按等级评定量表中的中等等级即趋中的等级予以评定与记录。这种误差的克服方法同样是训练高度可靠的客观观察者。

三、观察者的期待反应

研究表明在观察过程中，观察者对观察结果的期待，对于观察者怎样识别和记录所观察到的事件具有显著的作用。

例如，在安妮塔的研究中，给不同观察者播放关于幼儿园儿童玩耍的同一记录片，要求观察组对儿童在玩耍中表现出的侵犯行为予以记录。但是，研究者对第1组正在观察中班儿童的观察者告知录像中可能会出现很多侵犯行为；对第二组正在观察低班儿童的观察者告知，只有发现典型的侵犯行为才予以记录；而对第三组观察者，则未告知有关儿童的任何情况或可能发现的侵犯行为。结果三个观察组由同一录像中观察到儿童侵犯行为的记录之间有显著差异。第一组观察者比第三组观察者记录了更多侵犯行为；而第二组记录的侵犯行为最少。

在该录像中，只有一部分是明显而清楚地呈现出了侵犯行为，而其他部分则更多地需要观察者对意义不够明确的情况加以判断。当观察者对观察的情况意义不明确时，会产生更大的记录偏差。因此，期待记录下儿童侵犯行为的观察者和对情境意义不够明确的观察者，都会使观察和记录的偏差增加。卡尔顿认为要消除由语言干扰引起的观察者对观察结果和记录的期待反应，必须使用成熟的，受过良好训练的观察者。在观察者未经训练，且观察任务复杂，以及观察者对被观察行为的定义不清楚时，往往导致观察记录的偏差。

总之，实验和研究证明如果采取下列措施可减小观察者的倾向性和期待性误差：

1. 使观察任务尽可能客观，尽量避免要求观察者进行评定。

2. 尽可能不让被观察者了解研究的有关假设、设计和期待的结果。

3. 禁止把观察者不必了解的被观察者特征（如社会地位、智商）、实验组和控制组构成等泄露给观察者。

4. 训练高度可靠和客观的观察者，为避免观察倾向须反复训练。

5. 建立适合观察者个人的观察方式以减小记录误差。

6. 随时检查观察者的偏向性，去除偏向性大的观察者。

上文简述了观察研究的各种方法，在使用时要明了各种方法的优点、不足及适用范围，为避免在观察研究中犯一般性错误，现将易出现的错误列出以供参考：

第一，未充分训练观察者，所获得资料或数据不可靠。

第二，需要观察者用多种形式观察，但是观察者仅用了一种形式。

第三，未采取有效的预防措施避免对观察者的干扰或对观察环境的改变。

第四，要求观察者对行为进行过于精确的描述。

第五，判断观察者之间的内部信度，观察者至少两名，而实际没有；或不能保证观察者的工作彼此独立。

第六，允许搜集不合格的数据。

第七，没有使用随机抽样技术。

【建议参考资料】

1. 董奇．心理与教育研究方法［M］．北京：北京师范大学出版社，2004.

2. 刘电芝. 教育与心理研究方法［M］. 重庆：西南师范大学出版社，1997.
3. 王重鸣. 心理学研究方法［M］. 北京：人民教育出版社，2000.

【问题与思考】

1. 心理研究中的观察法和日常生活中大量存在的观察有何不同?
2. 观察法可以分为哪些类型? 各种观察法的优缺点是什么?
3. 观察法中常用的策略有哪些? 如何选用不同的策略?
4. 请比较时间取样的观察和事件取样的观察，并分析各自的优缺点。
5. 查阅 2—3 篇应用观察法的研究报告，分析并比较其研究程序和策略。

第七章　心理传记法

【本章提要】

本章主要论述了以下几个方面的内容：从心理传记法或心理传记学的概念来看，心理传记学指的是采用心理学的理论对个别非凡人物的生命史和人格进行心理学的编排和解释的一门学问或方法，心理传记属于特殊规律研究，可看成个案研究的一种。从心理传记学的发展历史和学科关联来看，心理传记学具有精神分析学的传统、人格学的传统以及某种程度上的叙事研究取向。从方法上来看，目前心理传记的研究主要有因果式研究模式、连贯整体式研究模式和质量结合的研究模式，并提出了具体的研究步骤。本章最后介绍了心理传记著作质量的评价标准，描述了优秀心理传记作品和拙劣心理传记作品的标志。

【学习重点】

1. 了解心理传记学的概念、研究传统。
2. 掌握心理传记法的具体研究步骤和研究模式。
3. 熟悉评价优秀或拙劣的心理传记作品的标准。

【重要术语】

心理传记法　心理传记学　个案研究　传主　生命史　生命故事　人格学　精神分析　叙事心理学　因果式　连贯整体式　质量结合　悬念性问题

第一节　什么是心理传记学

心理传记学（psychobiography）既是一门学科，也是一种研究方法。一般认为，1910 年出版的弗洛伊德（Freud）的《列奥纳多·达·芬奇与他童年的一个记忆》（*Leonardo da Vinci and a Memory of His Childhood*）是第一本心理传记学著作，标志着心理传记学研究的开端。2005 年，舒尔茨（W. T. Schultz）主编出版了《心理传记学手册》（*Handbook of Psychobiography*）一书，该书的出版可看做心理传记学作为一门学科初步确立的标志。一百多年来，心理传记学的研究已形成了政治家的心理传记学或政治心理传记学（political psychobiography）、艺术家的心理传记学（psychobiographies of artists）和心理学家的心理传记学（psychobiographies of psychologists）三个研究领域，并逐渐形成比较心理传记学（comparative psychobiography）这一新的研究领域。

从方法学的角度来看，心理学的研究有三种方式或三种水平：探索全人类普遍心理规律的研究（普遍水平研究），探索某一文化下群体心理规律的研究（群体水平研究）以及探索个体独特性的特殊规律研究（个体水平研究）。心理传记学属于特殊规律研究。从具体的研究方法来看，心理传记可看成一种个案研究。

对心理传记学的定义，不同的学者有不同的看法。鲁尼恩（Runyan，1982）认为心理传记学是指明显地使用系统化或正式的心理学知识于传记研究。鲁尼恩的定义包含三点：1. 心理学理论应用在传记中是显而易见的，所应用的心理学知识是系统的理论，因而排除了简单而隐含地应用心理学常识的传记。2. 心理学的范围很广，不限定于精神分析理论的应用。3. 心理传记也不限定于对传主人格的分析。麦克亚当斯（McAdams，1988）则认为心理传记学是指系统地应用心理学的（尤其是人格的）理论将生命改编成一个连贯的富有启发性的故事。麦克亚当斯的定义强调了人格理论的应用，即强调主要应用各流派的人格心理学理论对传主的人格进行分析。此外，也强调了心理传记学研究的叙事取向和传记属性。舒尔茨在最近一次接受杂志的访谈中，则将心理传记学看做是采用心理学的理论和研究结果对历史上的重要人物进行的分析。舒尔茨的定义强调了心理传记学是对非凡人物的研究，而排除了对普通人的研究。

我们认为，心理传记学是指系统采用心理学的理论对个别非凡人物（包括去世的与在世的）的生命史和人格进行心理学的编排和解释的一门学问或方法（郑剑虹，2006）。这个定义主要强调了两点：1. 心理传记学的研究对象，既包括在世的，也包括逝去的个别重要人物，因而排除了对一群人的研究、普通人的研究，或者仅对历史人物的研究。2. 主要是对人物的人格及其形成和发展进行心理学的解释，并以人格发展作为主线对其生命史（life history）进行系统连贯的编排。

第二节　心理传记学的传统与研究取向

一、精神分析学的传统

如前所述，第一本心理传记著作就出自精神分析家弗洛伊德之手。此后，许多精神病学家、精神分析学家采用精神分析理论对历史上的非凡人物进行了大量研究，出现了一大批精神分析的心理传记学著作，这些著作由于存在明显的问题而广受诟病。这些问题包括：1. 将研究对象（传主）病理化。其研究常常是先给研究对象安一个心理疾病或精神疾病的名称，然后收集证据力图证明这种疾病的存在，以及分析疾病产生的原因及其影响。2. 重建童年历史。一般来说，传主的童年资料往往比较缺乏，而精神分析理论又特别重视这些资料。因此，心理传记学家在使用精神分析理论时，有时会重新构建传主童年本没有发生的事情。例如，埃里克森（Erikson）曾经因以重建宗教改革人物路德（Luther）与其母亲的关系来作为其成人行为的基础而遭受批评。在 1958 年出版的《青年路德》(*Young Man Luther*) 一书中，埃里克森实际上创建了小路德与母亲的关系，作为其成年行为的基础。埃里克森并没有使用潜意识的动力概念来解释青年路德的重复性行为，只根据路德（改革者）假设性的个性特征，便推论出关于路德的家庭环境资料（丁兴祥等，2002）。3．过度强调心理因素或病理解释而完全忽视社会和历史因素。尤其是早期的心理传记学著作，对传主行为的原因分析完全从心理角度（甚至是心理变态的角度）作唯一诠释，而不考虑社会、文化和历史因素对传主行为和人格的影响。20 世纪 80 年代以后，心理传记学研究的理论选择才呈现出多元化的趋势，即不单单局限于精神分析理论，各种心理学理论都开始被运用于非凡人物的研究。不过，采用精神分析理论为唯一或为主的研究目前仍然占相当大的比例。

二、人格学的传统

从人格心理学学科的产生来看，人格学（personology）其实就是人格心理学。人格心理学的创始人奥尔波特（Allport）和莫里（Murray）都对传记方法感兴趣，乐于分析个人的生命故事（life story）。奥尔波特在其 1937 年出版的人格心理学奠基之作——《人格：一个心理学的解释》（*Personality: A Psychological Interpretation*）中十分强调个体生命史研究的重要意义。他将个案研究视为“所有方法中最能给人以启迪的方法”，并出版了一部长篇个案研究《珍妮的信》(*Letters from Jenny*)。他也曾指导学生写过许多生命史研究的论文和期末报告。莫里也花了多年心血对梅尔维尔（Melville）进行心理传记学研究（Murray, 1949)，并在其 1938 年出版的《人格探索》（*Explorations in Personality*）一书中收录了怀特（R. W. White）对厄恩斯特（Earnst）的个案研究一章。作为莫里的学生，怀特更是积极致力于对个体的生命史研究，其一版再版的著作《成就人生：人格的自然成长研究》(*Lives in Progress: A Study of the Natural Growth of Personality*, 1952, 1966, 1975）就是对三个人（一位医生兼科学家、一位商人和一位社会工作者兼家庭主妇）的生命史所进行的个案研究。但进入 20 世纪 50 年代以后，人格心理学却沿着一条完全不同的轨迹发展，即完全转向群体的心理测量研究和实验研究，个案研究或传记方法淡出了人格心理学领域。直到 20 世纪 80 年代以后，随着一批人格心理学家，如鲁尼恩（W. M. Runyan)、埃尔姆斯(A. C. Elms)、亚历山大（I. E. Alexander)、麦克亚当斯（A. P. McAdams）等人重新提倡并致力于人格的个体生命史研究，创建了人格学的学术组织，这种传统才得以延续，并使得人格心理学家成为了目前心理传记学研究的主要力量和理论贡献者。

三、叙事的取向

叙事（narrative）作为一种研究取向或思维方式，从 20 世纪五六十年代开始，被广泛应用于文学、历史学、教育学、人类学和心理学的研究。20 世纪 80 年代，心理学家萨宾（T. R. Sarbin）将其引入心理学研究，提出了叙事是心理学的根隐喻（root metaphor）的观点。1986 年萨宾主编出版《叙事心理学：人类行为的故事性》（*Narrative Psychology: The Storied Nature of Human Conduct*）一书，进一步提出要用叙事范式取代传统心理学的实证主义范式，个体的生命故事应该成为心理学研究的主要对象。他认为，故事本身就反映了个体心理（特别是人格与自我）的发展与变化过程。心理学的目标应是对个体生命故事的理解与诠释，而非对人的行为进行预测与控制。从 2001 年开始，美国心理学协会陆续出版了生命叙事研究系列丛书四本①，表明了主流心理学对叙事心理学的肯定与接纳。生命叙事研究丛书收录有心理传记学的论文，心理传记学是对杰出人物生命故事的研究，从某种程度上看或从部分来说，遵循的是一种叙事研究取向。心理学研究的叙事转向（narrative turn）促进了心理传记学的进一步发展。

第三节　心理传记的研究模式

一、心理传记的研究步骤

埃尔姆斯（1994）对心理传记研究提出了以下具体的步骤。

1. 选择传主。埃尔姆斯认为，首先，在选择传主时要考虑个人的兴趣问题，选择自己感兴趣的人物进行研究才有动力。其次，不要选择那些自己太过崇拜或太过厌恶的人物，目的是避免在研究过程中自身情感的干扰。

2. 使用已出版的资料。这些资料包括日记、书信、自传、回忆录及传主自己撰写的相关著作等第一手资料，也包括别人写的传记、评论、纪念文章、研究论文等第二手资料。

3. 收集未出版的资料。这些资料包括传主的手稿、医疗和人事等相关档案。埃尔姆斯认为，档案研究是心理学家不大熟悉但非常有用的方法。

4. 访谈或接触相关人士。研究活着的传主，亲自访谈可获得宝贵的资料；研究已故的人物，访谈其亲友、同事也会有很重要的收获。

5. 撰写心理传记。基本步骤包括组织资料、提出解释、评估解释，在解释时要考虑社会、政治、历史、心理等背景因素。此外，还要考虑文字的流畅性和可读性。

---

① 这四本书分别是：《Turns in the Road: Narrative Studies of Lives in Transition》、《Up Close and Personal: The Teaching and Learning of Narrative Research》、《Healing Plots: The Narrative Basis of Psychotherapy》、《Identity and Story: Creating Self in Narrative》

最近，埃尔姆斯（2007）进一步提出了一种九步骤的具体研究程序：1. 选择传主；2. 提出暂定假设；3. 从各种渠道收集初始资料；4. 在评估这些资料后，根据所使用的理论框架修改暂定假设；5. 进行更具焦点性的资料收集；6. 为了处理来自不同渠道存在矛盾的资料，可使用历史学家采用的一些研究方法，但要注意这是一个迭代分析的过程；7. 在形成暂定假设的这些初始资料的基础上，进一步寻找那些能够证明或反驳的资料以继续缩小或改变假设；8. 识别和界定有效的结论；9. 其他研究者继续做进一步的迭代研究。

从学位论文的角度考虑，我们提出了一种撰写心理传记的格式要求：

1. 前言。内容包括综述、传主简要介绍、选择传主的理由与研究意义。

2. 理论框架与方法。研究者要明确采用哪些心理学理论进行解释，在研究过程中准备使用哪些方法。

3. 传主的资料筛选。在研究过程中所收集到的传主的资料往往很多，甚至汗牛充栋，如何从中筛选出有用的资料进行分析，需要采用一些资料筛选的方法。如可采用舒尔茨的原型场景（prototypical scene）或亚历山大的凸显性指标（indicators of saliency）等理论来对资料进行筛选分析。

4. 传主的生命诠释与人格分析。这是研究的主要部分。可对传主的人格进行评估分析，也可对传主生命中的典型行为事件或悬念性问题进行分析。在人格评估与悬念性问题分析的过程中将传主的生命编排成一个连贯的故事。

5. 结论。在上述诠释分析的基础上通过逻辑推论或自然得出结论。

二、心理传记的研究模式

（一）因果式和连贯整体式研究模式

克罗斯比等人（F. Crosby & T. L. Crosby，1981）将心理传记学研究分为两种研究取向或解释模型。一种叫因果式（causal）解释模型，另一种为连贯整体式（coherent-whole）解释模型。因果式的解释关注寻找导致成人行为的儿童期事件或其背后的原因，在研究过程中注重对早期资料的分析，通常采用精神分析理论来解释。例如，弗洛伊德在研究达·芬奇时，对达·芬奇的艺术创作及其成就以及同性恋的原因分析，就特别强调达·芬奇5岁之前只有母亲没有父亲的私生子经历，以及重点分析了达·芬奇笔记中关于一只鸟落到他的摇篮，并用鸟尾撞开他的嘴的记忆或者说是童年幻想。

连贯整体式的解释则试图在个人行动所产生的众多分歧资料中，找到一个统一的整体，如一个人重复出现的行为模式。其目的在于寻求行为重复出现的某种规则模式，亦即研究者针对个人生命在特定的脉络下重复出现的行为模式，提出一个概念或解释，使我们理解个人的行为。例如，乔治等人（George et al，1956）在对美国总统威尔逊（Wilson）进行研究时，作了这样的解释：当威尔逊与他视为对手的另一个男性产生冲突时，便会造成情绪上的困扰而拒绝妥协。在他任大学校长、州长及美国总统的不同生涯阶段，都会出现这种相同的行为表现模式。

对于上述两种解释模型，克罗斯比提出了检验或评价标准。因果式解释模型的检验标准在于证据的适当性和推论的严谨性。连贯整体式取向的评价标准要考虑以下四点：1. 所要解释的行为，资料是否齐全；2. 行为的出现是否是人格或适应的表现，而不只是情境或角色的反应；3. 所提出的心理学理论或概念是否适当且有效；4. 是否提出其他可能的解释。

（二）质量结合的研究模式

质量结合的研究模式一般包括对传主人格的分析和对悬念性问题或典型行为事件的诠释两个部分的内容（郑剑虹，2011，2012）。其程序和做法是：在第一部分的研究中，首先采用定量和定性相结合的方法评估得出传主的人格，然后采用心理学理论对其人格的形成与发展或人格的成因进行质性分析。在第二部分的研究中，首先要寻找传主的典型行为事件或悬念性问题，然后根据心理学理论和传主的人格特征来对这些行为事件或问题进行诠释分析。在对传主人格的成因及悬念性问题的诠释分析中将其生命编排成一个连贯的故事。

1. 传主人格的评估与分析

传主人格的评估包括两个方面：（1）传主外显人格的评估。可通过两种途径，一是了解有关专家对该传主人格的看法（可采用特尔菲法、内容分析法和元分析法等）；二是了解传主亲人或熟人对其人格的看法（可采用访谈法和内容分析法等）。（2）传主内隐人格的评估。这里的内隐人格包括传主对自己人格的认识和传主潜意识层面的人格特征两个方面。前者可通过对传主的自传（自述）、日记、书信、访谈录、回忆录等第一手数据进行分析（含质的分析和量的分析）来获得；后者可采用精神分析理论进行质性研究来揭示。

综合上述两方面人格特征的研究，最终获得对传主人格较全面的理解。上述两方面人格特征的评估是互为印证和互为补充的，是一个反复评估的过程。接着，系统地采用心理学理论对传主人格的成因或人格的形成与发展进行质性分析。需要指出的是，对人格成因的分析仍然要注意与前述人格评估结果互为印证和互为补充的问题。因此，整个研究过程是一个反复论证、迭代分析的过程。

2. 悬念性问题的确定与分析

悬念性问题（suspenseful problems）的确定与分析是心理传记学研究的重要内容。确定悬念性问题既可以采用定性方法也可以采用定量方法。从定性的角度确定悬念性问题，可参考以下几点：（1）为研究者强烈感兴趣并想探个究竟的问题；（2）为其他研究者共同感兴趣，但却解释不一的问题；（3）能够反映传主的人格特征；（4）一般具有弥漫性和渗透性的特点，可贯穿传主的大部分生涯时段；（5）对传主的人生产生重要影响的典型行为事件。

悬念性问题可以是一个也可以是多个，悬念性问题确定以后，可采用心理学理论对其进行分析（以质性分析为主），在诠释分析中将传主的生命编排成一个连贯的故事。

传主的人格评估与分析和悬念性问题的分析是心理传记学研究的质量结合模式的两个构成部分，当然，只对其中的一个部分进行研究，特别是对悬念性问题的分析，也未尝不可。在某种程度上，我们也可将心理传记学研究看做对传主悬念性问题进行诠释分析的过程。

第四节　心理传记著作质量的评价标准

鲁尼恩（1982）在其早期的一本著作中，对以往心理传记学研究存在的问题进行了分析，将其概括为以下几点：1. 证据的不适当。2. 重建或虚构传主的童年经验。3. 还原（化约）主义。表现在过分重视心理因素，而忽略社会与历史因素；过度重视心理病理过程，忽视常态和创造性过程；完全以童年经历来解释成年的人格和行为，而忽略后来的形成过程与影响。因此，在其后来的一篇论文中，鲁尼恩（1988）提出了评估心理传记学研究质量的三个标准：1. 证据基础的全面性；2. 解释的说服力和洞察力；3. 叙说呈现的文学性和艺术性。

舒尔茨（2005）则对心理传记作品的优劣分别提出了评价标准（见表 7 - 1 和表 7 - 2）。

表 7 - 1　优秀的心理传记作品的标志

说服力 (cogency)	基本的解释的说服力，例如，像说服陪审团那样，最好的心理传记能够让读者感受到妙不可言的“完胜感”。
叙述的结构 (narrative structure)	例如，让结论从一系列资料中自然地导出。
周全性 (comprehensiveness)	对行为的多个方面进行解释，要比糟糕地解释核心细节更具说服力，澄清得越多，越具有周全性。任何种类的行为都是由“多因素决定”(overdetermined) 的。
资料的汇聚 (data convergence)	越多的资料支持一个事实或者支持一个解释，并且资料的来源越广泛，就越好。
顿悟式的连贯性 (sudden coherence)	最好的解释使得最初不连贯的内容变得连贯起来。对悬念性问题进行阐释是心理传记最有益的目标。
逻辑的健全性 (logical soundness)	保持逻辑的一致性，避免相互矛盾。
一致性 (consistency)	与所有的可获得的证据相一致，并且符合人类的常识性知识。
可行性 (viability)	能够经得起“证伪”。

表 7－2 拙劣的心理传记作品的标志

病理学（pathography）	通过诊断的方式来完成心理传记，或者将整体人格的复杂性降低为心理病理学范畴或症状表现。
单一线索（single cues）	过度依赖片段的资料进行解释。用最深刻的见解的堆积，来替代证据链以及由传记记录支持的事实之间的联系。
重构（reconstruction）	虚构心理事实，以此推论出没有直接证据的存在。这种做法常常诉诸缺乏可验证资料的童年史。
化约主义（还原主义）（reductionism）	完全依赖早期童年经历解释成年的性格和行为，而忽略后期形成的过程和影响。童年经历无疑是关键的，但它不是人格形成的唯一的关键因素。
理论选择不当（poor theory choice）	在该领域内使用完全缺乏实验支持或完全缺乏可靠性的理论。
糟糕的叙述结构（poor narrative structure）	粗糙拙劣（毫无艺术性）地进行分析，在小心求证之前就呈现结论。

上述有关心理传记学著作评价标准的理论可为心理传记研究或采用心理传记法进行人物个案研究提供一个参照，也从另一个角度说明了我们应该如何进行心理传记学研究。

【建议参考资料】

1. Runyan. 生命史与心理传记学：理论与方法的探索［M］. 丁兴祥，译. 台北：远流出版事业股份有限公司，2002.

2. 舒尔茨. 心理传记学手册［M］. 郑剑虹，译. 广州：暨南大学出版社，2011.

3. 罗凤礼，萧延中. 心理传记学译丛［M］. 北京：中央编译出版社，2011.

4. MCADAMS D P, OCHBERG R L. Psychobiography and life narratives［M］. Durham, NC: Duke University Press, 1999.

5. ALEXANDER I E. Personology: method and content in personality assessment and psychobiography［M］. Durham and London: Duke University Press, 1990.

6. ELMS A C. Uncovering lives: the uneasy alliance of biography and psychology［M］. New York: Oxford University Press, 1994.

7. MCADAMS D P. The psychology of life stories［J］. Review of General Psychology, 2001, 5(2): 100－122.

【问题与思考】

1. 什么是心理传记学（法）？
2. 心理传记学有哪些研究传统？
3. 试述心理传记学的研究模式。
4. 以图表的形式阐述心理传记著作质量的评价标准。
5. 你如何看待心理传记法在心理学研究方法中的地位与作用？

第八章　资料的处理

【本章提要】

从科学研究的步骤上来讲，任何研究经过观察、实验、测量等过程都会收集到一些原始的资料，需要通过对所收集的资料进行统计分析来探求这些资料背后所反映的心理和行为规律。因此一项实验或调查结束之后，研究者需要根据研究目的对原始数据进行初步整理，通过对原始数据的分析发现所得数据资料分布的形式和特点，在此基础上可以进一步选择必要的统计方法对研究结果进行深入探讨。本章主要探讨对原始数据的整理方法，数据整理首先需要将原始资料进行量化编码，转换成可供统计分析的数字或符号，然后对原始数据或符号资料进行整理、净化，对无效资料进行剔除，对缺失值及异常值等进行筛查，对原始的资料进行条理化、系统化的调整，在此过程中需要使用统计软件 SPSS 进行相关处理，本章将结合该软件对原始数据的整理进行探讨。

【学习重点】

1. 了解资料量化的原则和方法。

2. 掌握资料编码的主要方式，会使用 SPSS 统计软件对数据进行初步整理。

3. 熟悉资料整理的步骤，能够根据原始资料选择合理的方式进行数据整理和分析。

【重要术语】

编码　编码框架　测量尺度　变量排秩　数据合并　数据拆分

第一节　资料的量化

任何研究设计最终都会得到一些数据资料，然而杂乱无章的数据须得经过整理才会显现出有用的信息。初学者往往将统计学仅视为数据分析和呈现数字结果的工具，事实上数据如何被收集以及为什么要这样收集和具体的数据分析过程一样重要。本节介绍如何将原始研究资料进行编码、量化，转变成可以进行统计操作的数据和变量类型。

资料量化的目的是将原始研究资料转换成电脑或类似机器能够判读和处理的信息——机读格式（machine-readable form），以便进行进一步的量化分析（quantitative analysis），它是伴随着电脑在统计分析中的深入应用不断发展的。这里所谈的资料量化主要指资料的编码（coding）。

一、资料的编码

原始资料要转换成便于进行统计分析的数据，必须借助于编码，即将研究资料加以类别化并转换成计算机可识别的符号的技术性程序和过程。一方面，目前统计分析普遍使用计算机和专业统计软件，无法对自然语言直接进行识别和分析；另一方面，为了方便研究各环节的执行者交流，编码通常是遵循一定规则的系统化、结构化的过程，不是随意地用某个符号代表。

（一）编码和编码框架

通常，编码的码值可以是数字或代码（字符串）。例如，问题询问被试的性别，男和女这两种答案本身就可作为码值，更习惯化的方式是将其编为 1 和 2 这样的数字型码值。编码可以在研究设计的同时进行，便于研究者直接将被试的反应记录和输入为相应的码值，称为事前编码；也可在获取被试反应的同时进行，称立即编码；还可在研究之后根据研究目的和所记录的反应构建编码系统，称事后编码。

编码的关键环节是类别化和制订编码框架。类别化过程应当遵循目的性（类别基于研究问题和目的）、完备性（类别无遗漏，能涵盖所有可能反应）、互斥性（任意反应能够且仅能分配到一个类别）和单维性（各类别处在同一维度或水平上）等原则。例如，某研究者调查大学生如何利用周末业余时间，设计了这样一个题目：

双休日，你通常安排以下哪些活动（请将你选择的项按所用时间从多到少的顺序写在横线上）：________________

①自学　②泡图书馆　③陪伴家人或朋友　④上网　⑤外出游玩　⑥其他________

在其提供的前五个选项中，“自学”和“泡图书馆”违反了互斥性原则，可能会造成被试回答时感到迷惑。其次，也违反了单维性原则，题项的编码框架混乱，容易导致被试反应时信息遗失。研究者实际上试图收集两种信息，一是各种周末活动方式的频数分布（适用计数数据分析方法）；二是各种活动安排的偏好（适用等级资料分析方法）。如果被试将所有五个选项都选中并进行主观排序，则会损失第一种信息（各类别频数相同），读者会发现，此时的编码（假设为1—5）并不在同一个维度上。这里，应当将评价选择和排序回答分开。

对年龄这类测量型数字信息，可以原封不动地用于分析。但许多时候要根据实际情况和统计分析的需要对原始数据重新分类，比如月收入可分为 500 元、500—1 000 元、1 000—2 000 元、2 000—5 000 元、5 000 元以上等；受教育水平可分为高中及以下、本科、研究生等。文字型信息则属于名义型变量，可用数字或符号作为代表，如上述的性别，再如职业类型，可以归类为工人、农民、教师、机关干部、企业员工、商人等，分别用1、2、3、4、5、6……表示。此外，编码有时还需要考虑未作回答或极端回答的编码，如通常都采用一个特殊的码值。

编码框架亦称分类框架，通常是包括了所有问题的所有可能回答和相应代码的表格，研究者可依此对所收集资料进行编码。通常，它和指导说明一起组成编码簿，为研究测试者、资料登录者、数据分析者及报告撰写者提供指引，对于牵涉到大规模数据资料的研究（例如编制常模）而言，准确而完善的分类框架和编码簿至关重要。如表8－1所示，编码框架的内容通常包括变量名及说明、变量值编码及说明、变量对应数据列及问题、被试代码等信息。由此每个被试的原始信息就全部成为一串数字，便于计算机录入（参见表中的编码示例）。

表8－1　编码框架示意

问题号码	变量名	变量含义	编码范围/占用列数	编码示例	编码含义
1	ID	被试编号	3	150	第150号被试
2	day	资料收集时间	6	031105	2003年11月5日
3	gender	性别	1或2	1	男性
4	grade	年级	1—10	1 6 8	初中一年级 高中三年级 大学二年级
5	timepd	每日上网时间	1—5	1 2 3 4 5	<半小时 半小时—1小时 1小时—2小时 2小时—4小时 4小时以上
6	active	在网上主要活动	1—8	1 2 3 4 5 6 7 8	浏览新闻 玩游戏 看电影 听音乐 聊天交友 搜索或下载资料 远程学习 其他
……	……	……	……	……	……

（二）几种常见的资料编码方式

不同的研究设计和资料收集方法，编码方式可能差异很大，这里列出几种常见方式供读者参考。

1. 封闭式题项。这种题项的回答通常只包含有限个确定的类别，比较易于编码，只需注意各答案和编码的内在逻辑顺序即可。如：

1（单选）您目前的婚姻状况

1□未婚　2□已婚　3□离婚后未再婚　4□离婚后再婚　　反应编码
5□丧偶后未再婚　6□丧偶后再婚　7□未婚同居　　5

2（选项固定，可多选）您的学习目的　　反应编码
1□考高分　2□增长知识　3□让父母高兴　4□将来找个好工作　1356000 or
5□让老师喜欢我　6□让同学羡慕我　7□其他　　1010110

3（多选排序题）您择业中考虑的主要因素有（依据重要性先后排列，限选三项）
1□收入　2□福利　3□专业　4□发展　5□地区　6□地位　　反应编码
7□风险　8□劳动强度　9□个人爱好　10□其他　　148

4（不限定排序题）您择业中考虑的主要因素有（依据重要性先后排列）
1□收入　2□福利　3□专业　4□发展　5□地区　6□地位　　反应编码
7□风险　8□劳动强度　9□个人爱好　10□其他　　1480000000

2. 内容分析中的编码。内容分析法（method of content analysis）是收集和分析文本中专项内容（包括语词、意义、画面、符号、概念、主题等）的技术，这里，“文本”可指任何口头和书面的语言材料，也可指非语言和形象材料。内容分析往往需运用客观、系统的计数和记录程序提取所需的信息，由于往往牵涉到大量文本，研究者越来越倾向于使用计算机进行资料分析和信息提取。内容分析中的编码除了要确定分析或记录单元，如字词、主题等，还要区分情景单元，即分析或记录单元出现的上下文，例如要研究小说中的冲突主题，表明冲突的各种行为是分析和记录单元，冲突发生的背景或性质就是情景单元，如发生在配偶、同事、路人之间，是口角冲突或械斗等。

内容分析编码的特殊之处在于某些隐含信息在文本中无法直接找到，只能通过对上下文的语义分析和一定的操作性定义加以确定，这可称为隐性编码（latent coding），如确定小说中人物的情绪状态和人格特征等。例如，要分析新闻媒体对女性名人社会效应的描述，在设定变量的编码时就要考虑：何谓“名人”？影视明星、歌星算不算？贪官污吏算不算？“社会效应”的操作性定义是什么？这种效应可能有哪些类型？如果名人仅限于正面形象，则诸如“杰出的”、“伟大的”、“成功的”等褒义语词可用来确定显性编码（manifest coding）；而如果要

讨论反面形象，则“丑闻”、“获罪”等可用来确定隐性编码。类似地，也可像表 8 –2 那样编制一个编码框架。

表 8 –2　内容分析编码框架示意

变量名	变量含义	编码示例及含义
medname	媒体名称	中华网（字符型变量）
pressday	新闻发表日期	031105—2003 年 11 月 5 日
title	新闻主题	经济（字符型变量）
celeb	是否名人	1—名人；2—非名人
career	行业	1—官员；2—社会活动家；3—艺人；4—企业/商业人士；5—自由职业者；6—其他
assess	形象评价	1—极为反面；2—比较反面；3—中性；4—比较正面；5—极为正面；6—无法确定
……	……	……

二、资料的分类

资料的分类指将实验或调查中收集的数据信息按照某个框架或标准将资料或变量划分成方便电脑进行分析处理的不同类型，是对资料编码、量化的自然结果。决定资料类别的主要标准是变量的测量尺度（measurement scale），或称为变量的测量水平、等级等。这个问题和前面所讲的编码密不可分。

从统计分析的角度看，需要强调变量和数据之间的关系。通常区分变量为四种测量类型，即名义变量、等级变量、等距变量和比率变量。同一个变量，测量的尺度不同，其观测数据所含有的数学特性和信息类型也是不同的。比如，同样是某个测验的得分，如果题项是一个是非题，则得到的数据就只能是“是”和“否”，即便给它们分别编码 1 和 0，其表达的意义只能是一个“标识”；如果是一个主观题（如作文题），则观测的数据可以是 0 到满分之间的任意值。因此，即便是同样的编码，数据类型也会因为测量尺度不同而不同。与其说研究者关心的是变量的测量尺度，不如说是关心变量观测值（即数据）的测量尺度。因此就测量收集到的资料类型而言，名义尺度也可视为一种测量尺度。

数据的测量尺度直接关系到它适用于何种统计方法。通常，研究的目的、涉及的变量个数、研究设计类型、样本间的关系以及观测指标的测量尺度等条件决定了应当选取何种统计方法。此外，不同的测量尺度也决定了测量具有不同程度的准确性和敏感性，例如，编制问卷的计分标准或选择反应量表时，应尽可能选取最敏感、最具区分度的量尺。所以要使某个行为被准确地量化，最好采用连续型的（等距或比率）量尺对其加以测量。

第二节 资料的初步整理

将原始资料编码量化之后得到原始的数据资料，在进行数据统计之前还有一个不可或缺的重要环节，即资料的净化。资料的整理或所谓的资料净化，包括无效资料的剔除和缺失值、异常值以及诸如编码错误、录入错误、数据读入错误等的审核、筛查和修正。另一个重要方面是对数据进行排秩、变换、重编码、重分类、分类汇总、加权，数据文件的合并、分割，对缺失值的处理等预分析，目的是使数据条理化、系统化，更便于统计分析和得出可靠结论。本节分别介绍 SPSS 中进行数据整理的常用过程，这些命令包含在数据（编辑）菜单（Data）和（数据）变换菜单（Transform）下。

一、数据的排序和选择

（一）记录排序和异常值筛选

以下面的某次测验中学生的性别（sex）与测验成绩（score）数据为例。调用 Data = >Sort Cases，打开观测量排序对话框，如图 8－1 左所示，这是一个标准的 SPSS 命令过程主对话框（与文件操作对话框和向导对话框等不同）。通常，一般的对话框的结构为：

数据表

性别	成绩
1	95
2	98
1	110
1	115
1	92
2	112
1	103
2	108
1	93
2	120
1	90
2	116

• 备选变量框：位于最左侧，数据中所有变量和标签均按顺序显示。这里总共有两个变量。

• 分析或处理变量框：位于右侧或右侧上端，有时不止一个，可以从备选变量框选择适当的变量进入相应分析框，每个分析框和备选框间有一个移动变量按钮，点中变量后按钮中央方向箭头呈黑色，显示该变量的去向，单击按钮或双击变量实现移动。这里选择按照“性别”变量排序。

• 单选框：多个带有圆形旋钮的互斥性并列选项，如这里的升序和降序（ascending vs. descending），选择必居且只居其一，选择后圆形旋钮中心有黑点。这里选择降序排列。

• 复选框：一个或多个带有方框的选项（见图 8－2），可多选或不选。复选框和单选框选项通常对应一些统计分析或处理。

• 下级对话框功能按钮：通常分布在右侧或底端边缘，允许打开新的下级对话框设定统计分析的参数或其他选项，通常在名称后有省略号（见图 8－2）。

• 执行功能按钮：通常分布在右侧或底端边缘，如果是主对话框，则通常为并排的五个方框，分别为运行（OK）、粘贴（Paste）、重置（Reset）、取消（Cancel）和帮助（Help）；如果是下级对话框，通常只有继续（Continue）、取消和帮助三个。当选择或指定的变量、参数不合要求时，运行和粘贴按钮显灰不起作用，这两个按钮实际上代表了前面提到的两种运行管理方式。

例如，按 OK 立即运行排序；按粘贴则暂不执行，而将命令设置粘贴到语法窗口中去。通常，熟练用户都是先利用对话框选择分析过程和参数，然后 Paste 到语句窗口中进行修改，最后将程序提交系统执行。实现混合运行管理。不过语法操作不是本书的重点。

例子中，如果直接进行排序，从数据表中显示可看出，数据排序按照 sex 变量降序排列，每个记录整行移动（保证同一个记录中的不同变量观测值仍在同一行）。此时，由于性别变量排列有序，显然如果存在异常值（包括错误回答、输入和缺失值）就很容易发现并进行处理。如果将命令粘贴到 Syntax 窗口（见图 8－1右），然后仿照上面的设置复制一个语句，并将变量和排序方法分别改成“score”和“A”，将鼠标移动到第二个语句中（以点号为分隔符）并执行（Run）该语句，则数据集会按照测验成绩变量升序重新排列。选择多个排序变量，按照选择变量顺序嵌套排序，即首先按第一个变量排序，若有等值出现则按第二个变量排序，以此类推，但仍然保证同一个记录中数据不变。

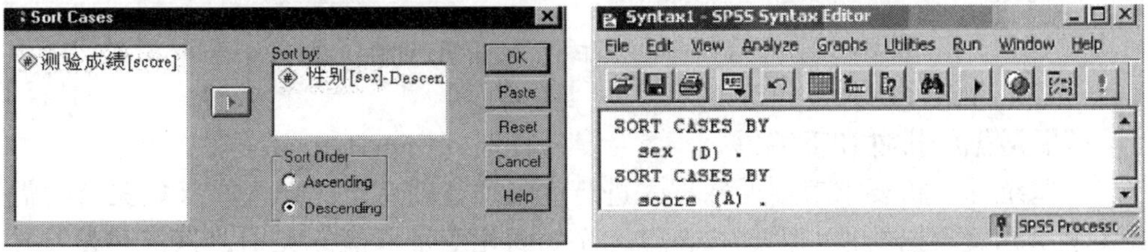

图 8－1　记录排序主对话框和排序语句

（二）记录的选择

当需要对特定的记录进行分析时需要利用 Data 菜单下的 Select Cases 过程设置记录选择规则，其对话框如图 8－2 左，默认的是选择所有记录，此外的规则自上而下为：条件选择（包括一个条件设置按钮）、随机抽样选择、特定编号范围选择或使用过滤变量（filter variable）选择（上一次条件选择产生），还可以选择设置将未选择记录过滤或去除（通常都选择过滤）。不论何种规则，确定后被选择的变量参加统计分析，未选择的变量记录编号上被划上斜线表示其被过滤，若按 Reset 按钮则取消选择，回到全数据集。此外，打开条件选择中的条件设置按钮对话框（如图 8－2 右）：实际上许多统计分析过程中都包含这样一个 If 按钮，包括左侧的备选变量框和右侧的条件表达式框，右下方包括一个常用数字/运算符输入板和一个函数选择列单。SPSS 中提供了 70 种系统函数，包括算术函数、统计函数、缺失值函数、字符函数、时间函数（DATA. /XDATA. ）、分布函数（CDF. ）、反分布函数（IDF. ）、逻辑函数等。使用者可以自定义一个基于选择变量的条件表达式，也可以调用函数（从 Functions 列表拖动右侧滚动条双击选择）并按该函数参数要求选择变量或写入表达式及其他参数规定条件表达式（如 score < =100）。执行条件选择的同时会产生一个新的过滤变量（变量名默认为 filter_ MYM），选中的记录对应值为 1，未选中为 0。注意运算符输入板中的逻辑运算符可以帮助进行多变量组合条件选择，如“和”（&）、“非”（~）、“或”（|）等，读者可以自行练习体会。系统函数的符号、功能和参数设置请读者自行参考有关文献。

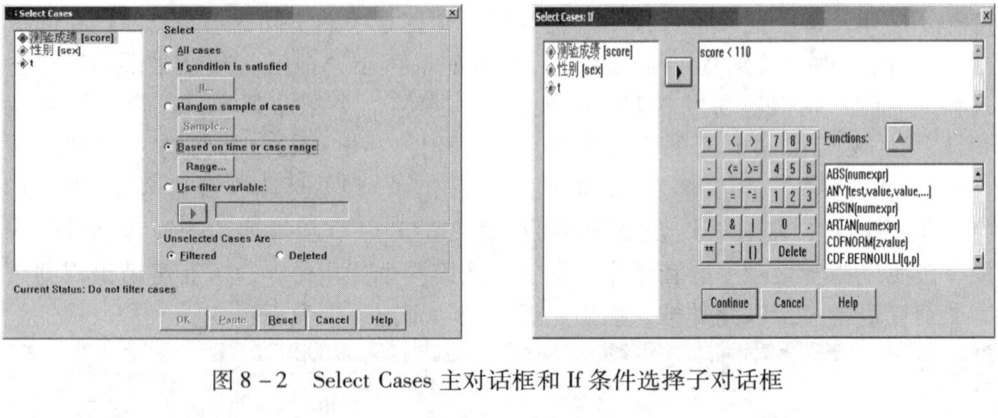

图 8－2　Select Cases 主对话框和 If 条件选择子对话框

二、数据的排秩和重编码

一些统计分析要求对原始数据先进行变形才能使用，比如求等级相关有时需要先求出原始数据的秩/等级（rank）；又如简化变量取值的类别，将一些无差异的类别归为一类而需要重编码。这些变换涉及 Transform 菜单中的 Rank Cases 和 Recode 命令。

（一）变量排秩

对连续型变量按照取值大小求秩，并建立一个新变量保存。Rank Cases 主对话框如图 8－3 所示，这里可以看到备选变量有两个去处，可以分别选择进入排秩变量框和分组变量框（将变量按照分组变量各水平分别排秩），在后面还有许多统计过程对话框中都包含这种标题为 By 的分组变量框。左下角的单选框可选择将等级 1 赋给最小值或最大值；分组变量框下方是一个复选框，用以在结果中报告排秩汇总表。下方还有两个功能按钮，可以分别选择排秩的其他方法和重复值（ties）处理方法，如按指数分（savage score）、百分位等级/相对等级、百分位等分（Ntile）、标准正态 Z 分数等排秩；用重复值应占等级的最大值或最小值等赋重复数据秩。具体请读者自行练习体会。

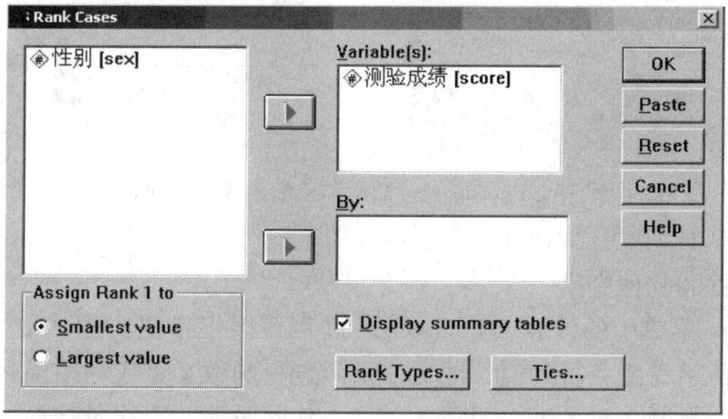

图 8－3　Rank Cases 主对话框

（二）变量重编码

重编码常用于变量的“降阶”处理，即将高量尺变量转化为低量尺变量。Recode 菜单包括两个过程：Into Same Variables 和 Into Different Variables，为避免原始数据丢失，建议使用将重编码保存为新变量。调用 Into Different Variables，其功能实际上包含了 Into Same Variables 的功能（见图 8－4 左）。主对话框中的重编码变量框提示将数值型变量转换为新的输出变量，右侧可为该新变量命名（输入后点 Change 钮），编码规则由下方的 Old and New Values 下级对话框规定（见图 8－4 右）：对话框左、右分别为旧编码和新编码，编码方式包括“点对点”式（如将 -2、-1、0、1、2 的语义量表数据转换成 1、2、3、4、5）、系统或用户缺失值处理（如将缺失值编码为 999）和“段对点”式（一段范围的数值转换为点值的降阶处理）三种。此外，注意在重编码变量框下方也有一个 If 按钮，其作用是设置变量重编码的条件。

实际上 Transform 菜单中还包括三个重编码或标识过程：一是计数（Count）过程，用于将连续或多类别分类变量降阶转换为二分类计数数据，不过这个功能通常可以由其他更有力的过程代替，不再详述。二是自动重编码过程（Automatic Recode），自动将变量按照从小到大或从大到小赋予连续出现顺序并生成新变量，如10、11、12、12、13、13、14这样的序列自动重编码成为1、2、3、3、4、4、5（12为第三个出现的数），这实际上也是一种特殊的排秩方法。三是变量类别化（Categorize Variables）过程，相当于Rank Cases中的按照百分位等分（Ntile），可用于将连续型变量按指定百分位转换为分类变量。

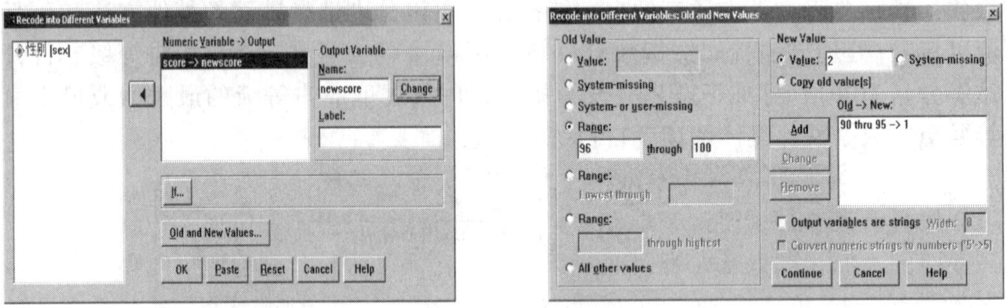

图8－4　Recode主对话框和重编码规则子对话框

三、数据的其他变换

Transform菜单中的计算（Compute）过程可以提供更丰富的变量变换功能，可计算数值或字符型变量的值、同类变量间进行函数运算或利用函数进行变量的计算和转换。打开主对话框（见图8－5），其界面类似于记录选择，左上角是新的目标变量（Target Variable）名及属性定义按钮（如果目标变量和已有变量同名，则覆盖原变量），左边为被选变量框，右上角为数值表达式编写框，下方是数字/运算符输入板和函数列单。不过，该过程除了可以直接在原变量基础上（就像If中设定选择变量的条件一样）进行运算，还可利用执行按钮上方的另一个If条件按钮设置更复杂的条件，指定新变量中符合不同条件的记录以不同的取值。该过程功能十分强大，读者不妨多练习体会。例如，使用者可以：

- 直接定义一个新常量的取值（常作为标志变量，如s＝100），直接在数值表达式框中输入数值即可。

- 定义新变量为某些已有变量的函数，若为自编表达式，则利用输入板写入表达式，并选择相应的变量进入表达式（如total＝score/100）；或调用系统函数，选择相应函数并设置好参数，如abs＝SQRT［score］、best＝MAX（test1，test2，test3）等。

- 定义条件运算，即在If中设定条件，赋值给符合条件的记录（比如将测验成绩间隔10分分组，可以先令新变量newscore＝1，然后分别设置“If …score > 100…newscore＝2”、“If …score > 110…newscore＝ 3”、“If …score > 120…newscore＝4”完成转换运算。当然，这种情况下同样可以利用系统函数进行运算。

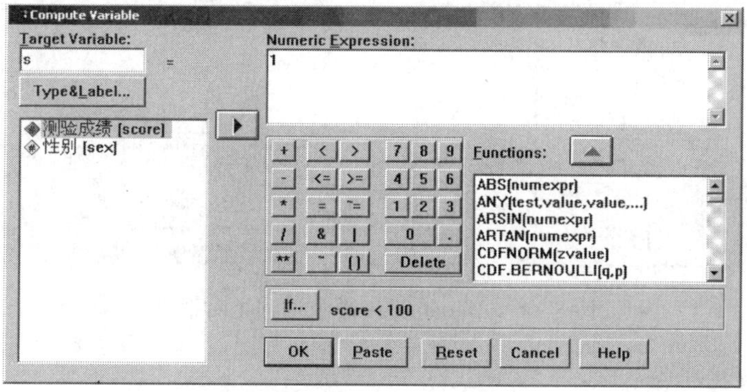

图 8－5　Compute 主对话框

Data 中的 Weight Cases 可用于对变量进行加权，例如根据某个频数变量对其他变量进行加权。注意：变量中含有零、负数或缺失值的记录将被排除在处理之外，且在后续分析中加权处理一直有效直到关闭加权处理。该过程比较简单，请读者自行练习。

四、数据的合并和拆分

（一）数据合并

用于合并多个具有相同或相似组成的数据集（如研究的多个样本数据）或将数据按照某个变量的水平进行分组处理。主要牵涉到 Data 菜单下的 Merge files 和 Split File 命令。合并数据总是基于当前数据文件或增加变量列或增加记录行。增加记录行时，调用 Merge files = > Add Cases，选择要合并的文件，系统首先对新旧文件中的变量进行匹配（见图 8－6 左），名称相同的变量自动进入右侧变量框作为新数据中保留变量，名称不相同的变量则用不同的记号标出，如果两文件中使用的某些变量名称不同，则需要手工配对（选中两变量后按 Pair）。注意，为防止数据合并发生错误，最好标明合并后数据源，即勾中最终变量框下方的 Indicate case source as variable，用数字表示各记录来源的文件（默认用 0、1……表示合并操作次数）作为一个数据源变量（默认变量名为 source01）。

增加变量列时调用 Merge files = > Add Variables，选择要合并的文件，仍然首先对新旧文件中的变量进行匹配（见图 8－6 右），注意，这时名称相同的变量反而被排除在合并变量之外，因为这时是增加新的变量。主对话框中除包含变量源复选项外，还有一个按关键变量（Key Variables）记录匹配进行合并的功能按钮，当两个文件中存在相同的变量时可以不同方式合并两文件中的变量。这里不再详述。

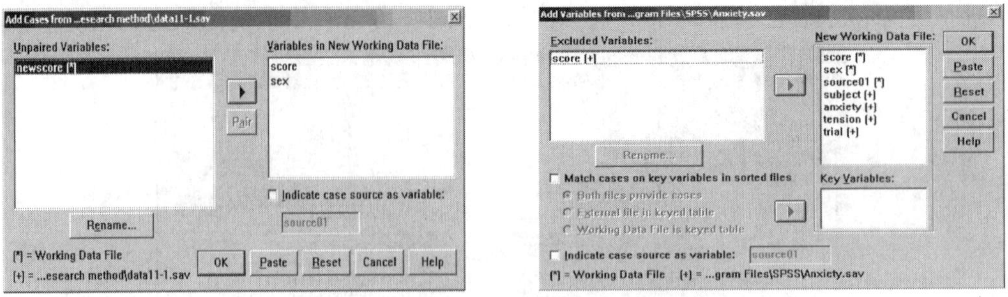

图 8－6　Merge Files 两个过程主对话框

（二）数据拆分

数据拆分（Split File）其实并非是将一个数据文件分为几个文件，而是在同一个数据文件中按某个条件分组，如分性别的测验分数，这种拆分在后续运算中一直有效直到取消或更改拆分设置。其主对话框如图 8－7 所示，选择分组变量进入分组变量框（最多8 个），可以选择将后续运算结果以对照组形式呈现（如在同一个表格中分别呈现不同性别成绩的均值）或者按分组变量水平逐个呈现结果。该过程对于需要按某变量各分组进行重复运算的统计分析特别有用，例如多因素方差分析中进行简单效应检验。需要注意的是拆分之后别忘了取消。

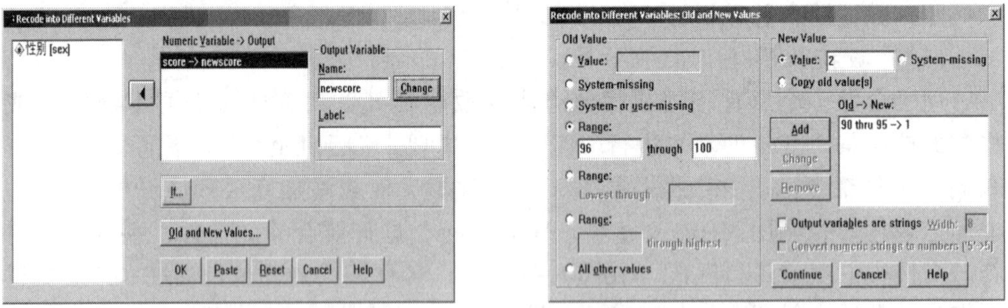

图 8－7　Split File 主对话框

五、数据的其他整理方式

有时需要对数据集进行转置（如将原来的变量视为记录，对不同变量在同一个案上的特征进行分析），需要用到 Data 菜单中的 Transpose 过程，其操作很简单，只需选择待转置的变量进入分析变量框，运行后生成新的转置数据文件并自动成为当前文件，此时，新数据集中原变量变为记录，原记录变为变量，通常还会在开头生成一个新的原变量名变量（名称默认为 case_ lbl）。

调用 Data = >Aggregate 过程可以进行变量的分类汇总，即根据一个或多个分类变量（break variable）对汇总变量（通常为连续变量）进行简单的描述统计。不过其特点是分类汇总不会以结果文件形式出现，而是直接生成一个新数据文件

（默认名为 aggr. sav）或覆盖原数据集。因此该过程在一般的统计分析中并不常用。请读者自行尝试练习。

前面谈到了缺失值的可能来源，SPSS 数据集中缺失值默认为圆点“.”，在变量管理窗口中可以设置两种缺失值定义（见图 8 - 8 左），分别是指定变量取值的三个离散值为缺失值，或指定一个范围加上一个离散值为缺失值。定义的缺失值相当于空个案，通常它所在的整个记录都会被排除在后续分析之外，因此不论是否定义缺失值，必须对空数据进行处理。Transform 菜单中提供了五种专门的缺失值处理过程，即 Replace Missing Values（见图 8 - 8 右），先定义缺失值处理后新的变量，然后选择处理方法：以变量的序列平均数（series mean）、临近点均值（定义临近点范围）、临近点中数、线性内插值（linear interpolation）、线性回归值（linear trend at point）代替缺失值。此外，在具体的统计分析方法中，还可能包括以下几种缺失值处理方式：

- Exclude cases pairwise：成对删除参与分析的变量中含缺失值的记录，例如相关分析时将计算相关的两个变量中含有缺失值的两个配对数据全部排除在计算之外。
- Exclude cases listwise：删除所有含有缺失值的记录，凡整行中含有缺失值，该行全部排除在外。
- Replace with mean：用变量均值代替缺失值。
- Exclude cases analysis by analysis：统计检验时，删除含有缺失值的记录。
- Report values：报值。

此外，随机数种子（Random Number Seed）和生成时间序列变量（Create Time Series）用于生成特殊目的的新变量，心理学研究中应用较少。

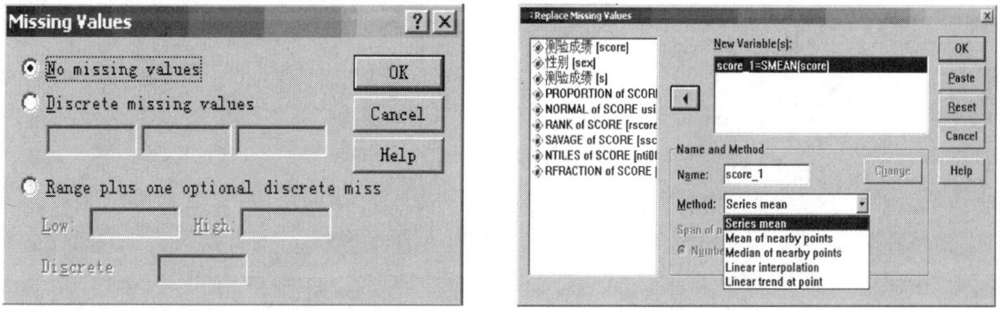

图 8 - 8　缺失值定义方式和处理方式

【建议参考资料】

1. 黄希庭，张志杰. 心理学研究方法［M］. 北京：高等教育出版社，2005.
2. 莫雷，温忠麟，陈彩琦. 心理学研究方法［M］. 广州：广东高等教育出版社，2007.

3. 张文彤. 世界优秀统计工具 SPSS 11 统计分析教程（基础篇）［M］. 北京：希望电子出版社，2002.

【问题与思考】

1. 主要的资料编码方式有哪些?
2. 如何处理原始资料中的缺失值?
3. 怎样设置记录选择规则?
4. 怎样将数据进行排秩?
5. 试述将多个相似数据集进行合并处理的过程。

第九章　描述性统计

【本章提要】

描述统计（descriptive statistics）主要研究如何描述一组数据的全貌，概括事物的某方面属性，其本质上是为由局部（或样本）信息推断全局（或总体）服务的，因此从统计的目标看，它和前面所讲的数据整理存在着密切联系，这从 SPSS 软件提供的种类丰富的描述统计或数据整理过程也可看出：许多统计过程具体功能可能略有差异，但并没有本质区别甚至往往难以区分。因此，诸如描述统计、概括统计、基本统计分析、单变量统计等统计过程大体上没有什么区别。本章将结合统计教材的习惯处理和 SPSS 软件的统计功能介绍数据分布特征度量、数据地位度量和相关度量的基本知识，以及如何利用 SPSS 对数据的集中量、离中量及相关量进行计算，进而进行数据特征的描述、汇总统计和有关的统计图表制作。

【学习重点】

1. 了解描述统计的基本量数。
2. 掌握数据描述统计中集中趋势、离中趋势和分布趋势的计算方法。
3. 熟悉 SPSS 统计软件的 Descriptive Statistics 控件的使用，熟悉计算各统计量的操作方法。

【重要术语】

算数平均数　中数　众数　全距　平均差　方差　标准差　偏度　峰度　百分位数　百分等级　标准分数　相关系数

第一节　数据的描述性特征

一、数据分布特征度量

描述一组数据的基本特征大致有三种途径，即数据的集中趋势、离中趋势和数据的分布趋势。通常，这些量数被视为统计量（statistic），同时又都是参数（parameter），关键看数据代表的是样本还是总体，计算方法也大多相同。

（一）集中趋势度量

集中趋势度量（central tendency measures）反映的是数据的代表值或相对集

中的中心位置，常用的有三类：算术平均数、中数和众数。

1．算术平均数的计算和特点

算术平均数（arithmetic mean or mean）亦称均值或均数，记为 M，作为总体参数，常指总体的期望值，记为 μ；作为样本统计量，记为 $\bar{x}$。其计算就是将所有观测值之和除以观测值个数。实际上，算术平均数是另一类所谓“加权平均数”的特例，即各观测值权值相等的特殊情况。平均数是最常用的集中量，具有稳定性、样本一致性，适合于后续的统计分析。样本平均数（$\bar{x}$）常作为总体平均数（μ）的估计量，且是总体平均数的无偏估计量。

2．中数和众数的计算及特点

中数（median）亦称中位数，本质上是一种百分位数，其含义是将所有数据分成大、小各半的那个数，记为 M_d，据此中数的计算也比较简单，需要注意的是对于中数位置附近存在重复数时，其计算又有不同的规定。中数的性能不如平均数，它实际上主要是考虑“中间”位置的观测值，因此无法保证原始数据的信息得到保留，主要用于对数据集中趋势的快速估计。但当所获得的数据资料呈偏态分布时，中数的代表性优于算术平均数。此外，中数可用于等级尺度数据集中趋势度量。

众数（mode）或范数指数据中出现次数最多的那个观测值或次数分布中频数最多组的组中值，记为 M_0。显然，众数的计算最为简便，同时损失的信息也最多。它也主要用于对数据集中趋势的快速估计和名义尺度数据集中趋势度量。

（二）离中趋势度量

离中趋势度量或离散趋势度量（dispersion measures）反映的是数据的相对于集中量数的离散、分散程度，因此，它不仅可以反映数据的离散程度、变异程度，而且可以衡量集中趋势度量对数据的代表性。常用的离中趋势度量有全距、平均差、方差和标准差、差异系数、四分差等。

1．全距和平均差

全距（range）又称极差，即数据中最大值和最小值的差值，是最简单的离中量。全距通常不能全面衡量各观测值的离中趋势，为此，需要考虑离（均）差，即各观测值与平均数的差（$x-\bar{x}$）。很容易证明，所有数据的离差和为0。

平均差（average deviation）用平均绝对离差，即 $\sum |x-\bar{x}|/n$ 来度量数据离中趋势。其大小能够反映数据的离散程度。不过其缺点是牵涉到绝对值计算，不利于后继的四则运算。

2．方差、标准差

方差（variance），亦称变异，是各观测值与平均数离差平方的算术平均数。总体方差记为 σ^2；作为总体方差的无偏估计量，样本方差（亦称为均方，mean square）的计算公式为：

$$\sum (x - \bar{x})^2 / (n - 1) \tag{9.1}$$

方差的平方根称标准差（standard deviation），记为 S，即：

$$S = \sqrt{\frac{\sum (x - \bar{x})^2}{n - 1}} = \sqrt{\frac{\sum x^2 - (\sum x)^2 / n}{n - 1}} \tag{9.2}$$

方差或标准差是最常用的离中量，它不仅反映了数据的离中趋势大小，可直接比较几组同质数据离散程度；而且反映了数据偏离集中量的大小程度。依照经典的真分数测量理论，观测指标上的方差（变异）大致有两个来源：一是数据的随机变异，即各种误差；另一种即是由于观测指标所来源的不同对象被施加了不同处理，即处理效应（treatment effect）。将这两类变异进行差异比较，就可以判定处理是否有效，这正是方差分析（analysis of variance，ANOVA）的基本思路。方差通常也用于异常数据删减，即读者熟知的“3σ 法则”，其原理是正态分布数据绝大部分（99.73%）落在平均数左右三个标准差范围内。方差还可用于求解数据的标准分数（standard score）。

3. 其他离中量数

当两组数据非同质时不能直接使用方差来比较数据的相对离散程度，而需要利用一个相对离中量，即差异系数（coefficient of variation）来统一单位和观测值的水平，即数据标准差比上平均数的百分比：

$$CV = \frac{S}{\bar{x}} \times 100\% \tag{9.3}$$

除了上述主要的离中量外，四分差（semi-interquartile range）有时也用于度量等级尺度数据或尾端数据不明时的离中趋势。四分差指数据中间两个四分位数（quartile）差值的一半，即 $(Q3 - Q1)/2$。

（三）分布趋势度量

仅了解数据分布的集中趋势和离中趋势还不够，有时需要对数据分布的形态（如是否对称、偏斜程度等）作量度和判定。分布趋势主要包括偏度（skewness）和峰度（kurtosis）两方面。

1. 偏度

偏度是对分布偏斜方向和程度的描述，若分数较多地集中在大数端，称正偏态（positive skew）分布，反之称负偏态（negative skew）分布，而正态分布的基本特征是钟型、中心对称。图 9－1 所示的是三种分布形态图示和利用平均数、中数、众数三种集中量间的关系判别分布形态的经验方法。若 $M > M_d > M_o$ 则为负偏态，分布曲线的“小尾巴”朝向数轴负方向，反之为正偏态（中数始终在中间）。正态分布中，三种集中量数相等。

度量偏度的指标是偏度系数，其公式为（9.4）式。当分布为对称分布时，偏度系数为 0；偏度系数为正数；分布为正偏态；反之为负偏态；偏度系数绝对

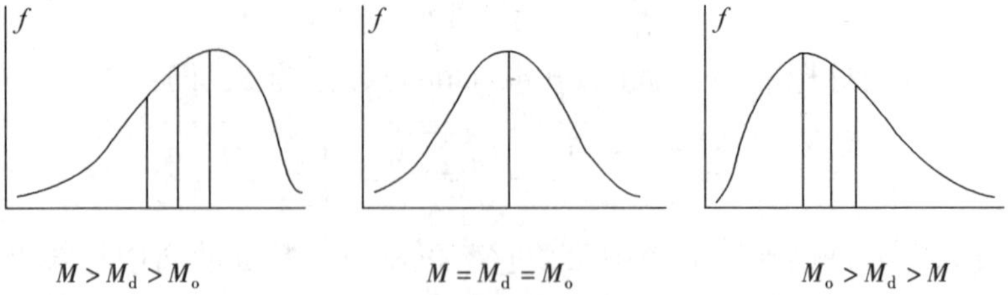

图 9－1 正态分布、偏态分布及其特征示意
（自左至右依次为：负偏态、正态、正偏态）

值越大，分布越趋于偏斜。

$$sk = \frac{n}{(n-1)(n-2)}\sum\left(\frac{X-\bar{X}}{S}\right)^3 \tag{9.4}$$

$$kt = \left[\frac{n(n+1)}{(n-1)(n-2)(n-3)}\sum\left(\frac{X-\bar{X}}{S}\right)^4\right] - \frac{3(n-1)^2}{(n-2)(n-3)} \tag{9.5}$$

2. 峰度

峰度是对分布高狭程度的描述，与正态分布中心点的峰度相比较，尖而高的称尖峰（leptokurtic）分布，反之称为低峰（platykurtic）分布。度量峰度的指标是峰度系数，其公式为（9.5）式。当峰度系数为正值时，表明数据趋于尖峰分布；峰度系数为负值则趋于低峰；正态分布的峰度为 0。

二、数据地位度量和相关度量

（一）地位量数

地位量数亦称相对位置量数，用来表示个体分数在团体中所处的相对位置。其特殊之处在于：它们不是用“一个”量反映数据的某种分布特征，而是和个体分数相对应，常用来表示测验的常模及个体分数评价。

1. 百分位数和百分等级

百分位数（percentile）亦称百分点（percentile point），常记为 Pm，其中的 m 表示百分比，Pm 的含义就是次数分布中相对于 m 百分点的原始分数，即有 $m\%$ 的数据低于该数。百分等级（percentile rank）常记为 PR，和百分位数刚好相反，它表示某原始数据在分布中的百分位，即次数分布中的低于该原始分数的百分比，常用在测量中解释测验分数。未分组情况下百分等级分数的计算公式如（9.6）所示，其中 R 为数据按从大到小排列的等级，N 为数据总数。

$$PR = 100 - \frac{100R - 50}{N} \tag{9.6}$$

2. 标准分数

标准分数亦称 Z 分数、基分数，是以标准差为单位度量个体分数偏离数据平均数大小的量，反映的是个体分数在团体分数中的相对位置高低。另外，以 Z 分数为基础转换得到的测量中的其他导出分数也可统称为标准分数，如 T 分数、标准九分数、标准十分数等。Z 分数的计算公式为：

$$Z = \frac{X - \overline{X}}{S} \tag{9.7}$$

显然，Z 分数的正负号和相对大小就可以表明个体分数在团体中的相对位置高低。因此，Z 分数常用来进行测验中分数的合成和评价。若原始分数服从正态分布，Z 分数可进一步表示个体分数在团体中的相对“位置”，这是因为当正态数据标准化后成为标准正态分布，其 Z 分数（横坐标值）和正态曲线下的面积（概率）存在着严格的对应关系。这时通过查找标准正态分布表就可以根据 Z 分数换算得到原始分数的百分等级。根据这个特性，Z 分数常用在测验或考试中确定分数线或录取率。此外，Z 分数还可以用于表示测验的常模分数和剔除极端数据。

（二）相关量数

相关量数通常是对两组数据间关系的度量，这和前面的量数有所不同。研究变量间的关系是心理科学研究的重要任务，由于心理和社会现象的极端复杂性，研究者通常更多地是假设变量间存在着相互关联、相互影响的“不严格确定的依存关系”（黄希庭，2004），而不是简单地通过确定因、果来考查完全确定性的关系。例如，智商与学业成绩，运动员的赛前焦虑与比赛成绩，动机强度与工作绩效，薪酬和员工工作满意度等之间的关系都属于相关关系。

两变量相关在取值上的表现是给定一个变量的值，另一个变量的值在一定范围内波动，统计学上常用相关系数（correlation coefficient）来度量变量间的相关程度，用相关分析（correlation analysis）来研究变量间的相关关系，它主要包括相关系数统计量的计算和相关系数的显著性检验。这里主要介绍相关系数及其含义。

1. 相关系数的含义及相关类型

相关系数作为样本统计量常用 r 表示，作为总体参数用 ρ 表示，其取值通常在［-1，1］区间内。根据相关系数的取值可以区分出不同类型的相关关系（见表 9-1）。注意相关系数只是一个顺序尺度数据，只能比较大小。和任何其他统计分析方法一样，不同类型的相关有不同的适用场合，对于变量或数据也有不同的要求，这是统计分析者应当着重掌握的。

表 9-1 相关的各种分类标准及分类

相关系数取值	相关分类	数据量尺	相关分类
$0 < r \leq 1$	正相关	两列连续等距正态数据	积差相关
0	零相关	连续等距非正态或等级	等级相关

（续表）

$-1 \leqslant r < 0$ $R = \pm 1$	负相关 完全相关	一列连续正态和一列名义 两列名义尺度数据	质量相关 品质相关
函数形式	相关分类	变量个数	相关分类
直线型 曲线型	线性相关 非线性相关	两变量间 一组变量和另一变量间 一组变量和另一组变量间	单相关 复相关 典型相关

2. 皮尔逊相关和斯皮尔曼等级相关

英国统计学家皮尔逊（Karl Pearson，1857—1936）最早提出一种相关的度量方法，称积差相关（product moment correlation），习惯也用他的名字称呼。该法适用于两列等距（及以上）数据，且要求数据总体呈正态分布，是考查线性相关关系的最常用方法。计算公式为：

$$r = \frac{S_{xy}^2}{S_x S_y} = \frac{\sum Z_x Z_y}{n} \tag{9.8}$$

其中 $S_{xy}^2 = \frac{\sum_{i=1}^{n}(X_i - \overline{X})(Y_i - \overline{Y})}{n}$，即 x 与 y 的协方差（covariance）。

积差相关的条件较为严苛，在其基础上发展的斯皮尔曼等级相关

（Spearman's rank correlation）适用场合更宽泛，可用于两列总体不服从正态的连续等距数据或等级数据，用于等距以上数据时要先转换成连续编号的等级数据。无重复等级情况下斯皮尔曼等级相关系数计算公式为：

$$r_R = 1 - \frac{6\sum_{i=1}^{n} D_i^2}{n(n^2 - 1)} \tag{9.9}$$

其中：n 为等级数目，也即数据对数，D 为对偶等级之差。

此外，等级相关中还有一类肯德尔等级相关（Kendall's rank-order correlation），包括 W 系数、U 系数等，多用于特定的量表和题项分析。肯德尔 W 系数亦称和谐系数（coefficient of concordance），专用于求多列等级变量间相关程度，常用来对 N 件事物的 K 次评定（或 K 个评价者，或 K 次评价）分数间的一致性进行评价。与之匹配，肯德尔 U 系数亦称一致性系数（coefficient of consistency），专用于对 N 件事物的对偶比较评定（将 N 件事物两两组合后评价，总评价次数仍为 K 次）间的一致性评价，较少用。注意这两种系数的取值范围和意义不同于一般的相关系数。下列是无重复等级情况下 W 系数的计算公式：

$$W = \frac{\sum_{i=1}^{N} R_i^2 - \frac{\left(\sum_{i=1}^{N} R_i\right)^2}{N}}{1/12K^2(N^3 - N)}；R_i \text{ 表示第 } i \text{ 件事物的 } k \text{ 个等级之和} \tag{9.10}$$

3. 质量相关

质量相关指一列变量为等比或等距的测量型数据，另一列变量是二分类性质变量，欲求两者之间的直线相关，多用于量表和题项评价。按照二分类变量的来源不同又包括点二列相关（point-biserial correlation）和二列相关（biserial correlation）两种。

点二列相关（r_{pb}）适用于一列数据为等距或等比（单峰对称分布）变量和一列标准的二分变量（如文盲与非文盲），实际上可以看成是积差相关的一种特例；二列相关（r_b）适用于两列等距或等比变量，不过其中一列被人为划分为两个类别，如测验中按照某个分数线划分为及格和不及格。两种相关系数的计算公式分别为：

$$r_{pb} = \frac{\bar{x}_p - \bar{x}_q}{S_t} \cdot \sqrt{pq} = \frac{\bar{x}_p - \bar{x}_t}{S_t} \cdot \sqrt{\frac{p}{q}} \quad (9.11)$$

$$r_b = \frac{\bar{x}_p - \bar{x}_q}{S_t} \cdot \frac{pq}{y} = \frac{\bar{x}_p - \bar{x}_t}{S_t} \cdot \frac{p}{y} \quad (9.12)$$

公式中 p、q 为二分变量两个类别的比例（可任意指定，但相关系数的符号会发生变化，解释相关方向时略有不同），St 指连续变量标准差，X_p、X_q、X_t 指二分变量两个分类对应连续变量的分组平均数和总平均数，（9.12）式中的 y 表示 p 或 q 对应的标准正态曲线纵高（p/q 较小者作为概率查出的正态概率密度曲线高度值）。

4. 品质相关

品质相关系数度量的是两个性质变量间次数分布的关联程度，专用于计数数据间相关程度度量。这是品质相关和其他相关间的不同之处。但和所有相关的含义一样，两个性质变量的次数分布间存在关联意指“一个变量的取值（此处为变量的不同分类）发生变化则另一个变量不同分类的人数分布发生变化”。例如，表 9 - 2 中的数据是 140 名男、女大学生的某次考试的成绩（及格或不及格）人数分布。表中数据是典型的两个二分变量交叉形成四个单元格，称“四格表”。男性中及格和不及格人数分布与女性中两类人数分布完全一样，说明当“性别”变量取值发生变化时（从 1 到 2），“成绩”变量两个分类上的观察指标（人数）并未变化，即性别和成绩分类两个变量（的次数分布）间不存在关联。再来看表 9 - 3 中的数据，调查了 170 名被试对待婚姻的态度与其父母是否离异之间的关联性。从四格表人数分布看出，父母未离异的子女愿意结婚人数“多于”不愿意结婚人数，父母离异的，子女愿意结婚人数“少于”不愿意结婚人数，即“父母是否离异”变量的不同分类对应着“子女是否愿意结婚”变量不同分类上的人数变化，或者说父母是否离异的不同分类在子女是否愿意结婚不同分类上的人数分布不同。这都说明：直观上看，“父母是否离异”与“子女是否愿意结婚”之间存在关联，这种关联性的含义是，父母离异的子女，更倾向于不愿意结婚，而父母未离异的子女更倾向于愿意结婚。

表 9－2

成绩 / 性别	1 及格	2 不及格	合计
1 男性	30	40	70
2 女性	30	40	70
合计	60	80	140

表 9－3

父母是否离异 / 子女结婚意愿	1 未离异	2 离异	合计
1 愿意	75	15	90
2 不愿意	35	45	80
合计	110	60	170

当然，这种四格表的直观分析还不能真正说明两个变量间是否存在相关，和所有的相关一样，这种关联的真实性或显著性还需借助假设检验考查，主要是用到χ^2检验。所谓“品质相关系数”是度量这些样本计数数据间相关或关联程度大小的一类统计量，绝大多数是由假设检验中的卡方统计量变换而来。例如用于四格表数据的 φ 系数（Phi coefficient）和用于 $R \times C$ 表（一个变量为 R 个类别另一个变量为 C 个类别）的列联系数（contingency coefficient）等。下列是这两种相关系数的计算公式，其中 N 为总次数。

$$r_\varphi = \frac{(ad - bc)}{\sqrt{(a+b)(c+d)(a+c)(b+d)}} = \pm\sqrt{\frac{\chi^2}{N}} \quad (9.13)$$

$$C = \sqrt{\frac{\chi^2}{N + \chi^2}} \quad (9.14)$$

第二节　描述统计中的 SPSS 应用

SPSS 中的许多过程都包含集中量、离中量及相关量三种统计量数的计算功能，这些描述统计通常可以由 Analyze 菜单下的 Reports、Descriptive Statistics 的某些过程以及 Means、Correlate 等过程来专门进行。下面分别对其构成和操作进行简单介绍。

一、Reports

报表子菜单包括 OLAP Cubes（在线数据处理）、Case Summaries（记录汇总）、Report Summaries in Rows（分行汇总报告）和 Report Summaries in Columns（分列汇总报告）四个过程，主要功能是对等距尺度的观测指标进行分组集中量和离中量描述，还可以报告形式显示或打印出符合研究者特定要求的记录。该子菜单侧重于定制报表，对于完整研究的统计分析则无太大价值。

OLAP 主界面如图 9－2 左，分别选择自变量和因变量进入分组变量和汇总报告变量框，其两个功能按钮分别可以选择报告描述统计量类型（和下一章要讲的

Means 过程类似）以及标题和注解定制。其中包含的描述统计量有：总和、记录数、均值、标准差、占总和的百分比（percent of total sum）、占观察量总数的百分比（percent of total N）、中数、分组中位数（grouping median）、均值标准误（std. error of mean）、最小值、最大值、全距、首值、末值、方差、偏度（skewness）、偏度标准误（std. error of skewness）、峰度（kurtosis）、峰度标准误（std. error of kurtosis）、调和平均数、几何平均数等 20 余种。OLAP 的主要特点是提供了很好的交互方式，用户可按自己的喜好定制报表的格式和内容。例如，对 y_1、y_2、y_3、y_4 四个因变量在 f_1、f_2 两个自变量上的分组描述统计，给出的基本结果是不考虑 f_1、f_2 的分组的统计量（默认的 *total*），双击该报表，f_1、f_2 两分组变量右侧会分别出现一个下拉列表，可以分别选择两因素的各个分组，则下面表格中显示的是该组相应统计量。分别选择该列表，用户就可以得到两因素任意水平组合下的描述统计量，比如可以要求显示不考虑 f_1 的分组时，f_2 第二水平（编码为 1）下的描述统计，或者显示 $f_1(0) \times f_2(1)$ 处理下的描述统计，等等。图 9 - 2 右说明了该交互过程。

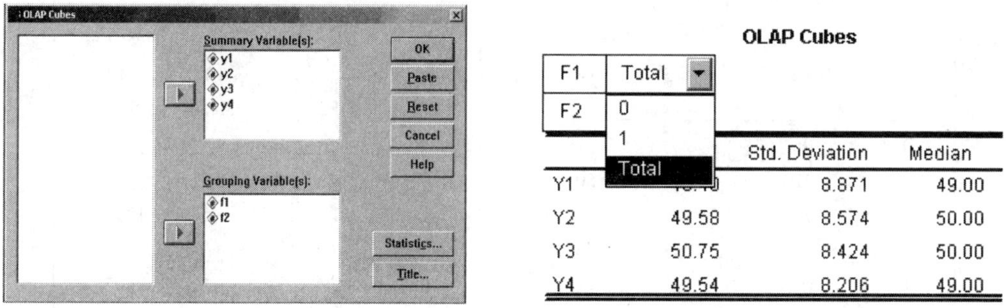

图 9 - 2 OLAP Cubes 主对话框及结果交互显示方式示意

Case Summaries 用于计算指定变量的分组统计量，若有多个分组变量则报告水平交叉组合后的单元格描述统计量。其主界面、变量选择和两个功能按钮类似于 OLAP；包含一些复选框，勾中 Display Cases 后可再选择分析指定数量记录及缺失值、记录号处理方式，同时在结果中给出指定数量记录的列单和描述统计。除了对记录的"穷举"显示外，其功能可以由其他统计过程替代（如 Means 过程），不再详述。

分行汇总报告也可以罗列原始数据，并以汇总量为行，以报告变量为列给出报表，其报表格式设置更精细（如图 9 - 3 左）。此外，还可以通过 Summary、Options、Layout、Titles、Format 等功能按钮设定报告何种汇总量（复选，分行报告）、报告页面设置和布局、标题等报表格式和内容。分列汇总报告的不同之处在于，它不能罗列数据，而是以分组变量各分组为行，以报告变量为列给出汇总报表（如图 9 - 3 右），也可以通过 Summary（单选，分列给出各报告变量汇总

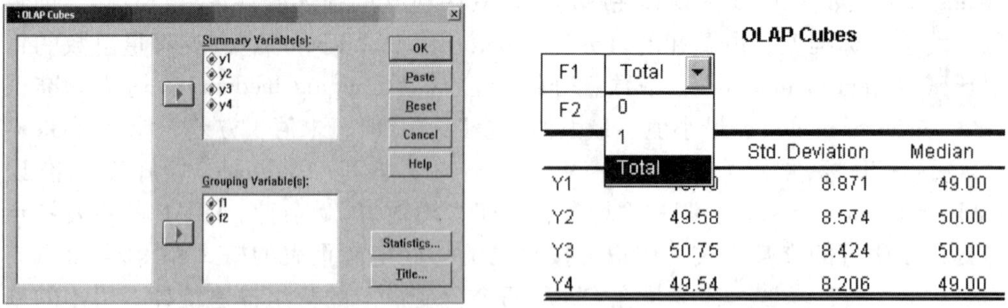

图 9－3　Summary in Rows 和 Summary in Columns 主对话框

量）、Options、Layout、Titles、Format 等按钮设置报表格式和内容。若有多个分组变量，则两种方式都能够提供各分组（交叉处理）的汇总量。这些设置比较烦琐，读者可参考文献练习体会。以下是两种方式的报表示例：

表 9－4　分行汇总报告（左）和分列汇总报告（右）结果示例

Page 1

F1	F2	Y3	Y4
0	0		
	Mean	51	50
	1		
	Mean	53	54
1	0		
	Mean	53	48
	1		
	Mean	47	45
Grand Total			
Mean		51	50

Page 1

F1	F2	Y3 Mean	Y4 Sum
0	0	51	1259
	1	53	1348
Subtotal	f1	52	2607
1	0	53	1212
	1	47	1135
Subtotal	f1	50	2347

二、次数分布表和次数分布图

数据整理的直接目的就是编制数据的次数分布（frequency distribution），即实验或调查中观测的样本究竟取哪些值？这些值各自出现了多少次？它比前面所讲的分布趋势度量更加具体、形象，便于对数据的分布有直观的了解。不严格地讲，根据原始数据进行的任何形式的数据分组或分类都可以叫做次数分布，统计教材上所谓的统计分组（grouping）、统计汇总（summary）本质上就是编制次数分布，其结果的形式通常可以用表格或图形来表达，即次数分布表和次数分布图。利用 SPSS 软件可以很方便地作出变量的次数分布表和次数分布图。

（一）离散变量的次数分布

离散变量通常可以是类别变量或名义变量，也可能是等级变量，其取值通常是离散的①，其分组的标准（标志）很明确，一个取值就是一个分组，因此其次数分布就是各个类别或等级（位次）观测值发生的次数。下面举例说明 Frequencies 过程的用法。

例 9－1 调查了某公司 35 名研发人员的专业背景，试作出其次数分布表和次数分布图。

打开数据，调用 Analyze = > Descriptive Statistics = > Frequencies，其对话框如图 9－4 左所示，除了备选变量框和分析变量框外，左下方有一个“显示次数分布表”复选项；下方并排有三个功能按钮，分别为统计量（如图 9－4 右）、次数分布图（Charts）和格式设置选项。格式设置选项可以设定各种次数分布表显示方式，如按照各观测值次数多少排列，多变量同时统计时表格输出方式（选择 compare variables 多变量并列，选择 organize output by variables 各变量单列）以及压缩（suppress table）输出表组数。主要看一下统计量对话框，它包括四块内容，分别是：

- 百分位数（percentile values），包括三个复选框：四分位数（quartiles），显示 25%、50%、75% 的百分位数；平均分组，按百分比将数据平均分为所设定（2—100）的相等等份，并相应输出各百分位数。如输入 10 则输出 10%、20%、30% 等百分位；自定义百分位数，输入 0—100 整数后按 Add 增加输出。
- 集中趋势量，包括均值、中数、众数和总和。
- 离中趋势量，包括最值、全距、方差和标准差、均值标准误（S. E. mean）等。
- 分布趋势量，包括峰度系数和偏度系数。

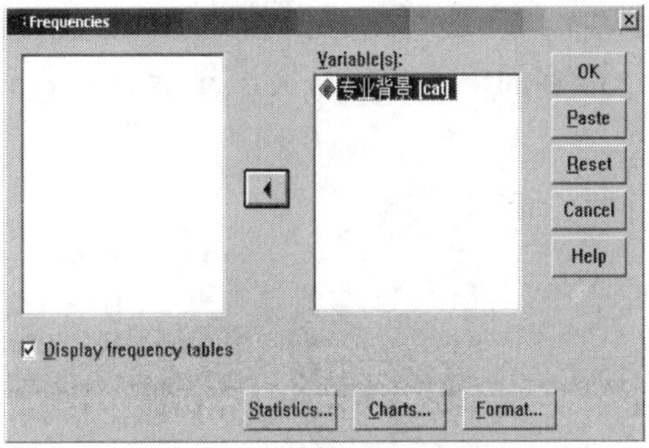

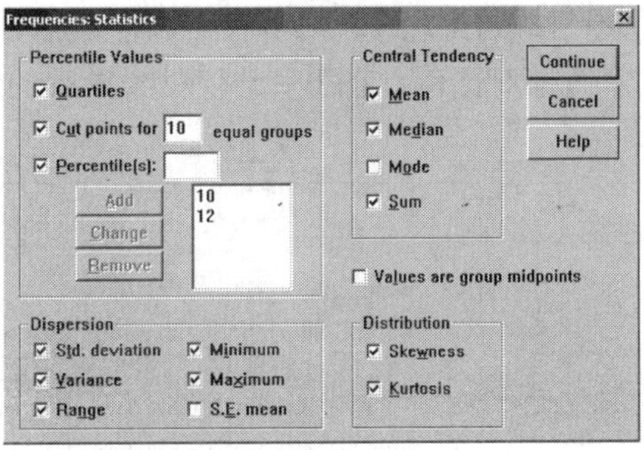

图 9－4 Frequencies 过程主对话框和 Statistics 按钮界面

---

① 作者注：某些比率变量取值也有限，这时要注意其观测值的跨度范围，如社会统计中要了解居民家庭或户规模（包含人口数），其取值大多集中在 1、2、3、4、5……，数字越大次数越少。

例中先勾中显示次数分布表并按默认格式输出专业背景变量的次数分布表（见表9－5），可看出，SPSS自动按照累加次数分布表的形式给出次数分布，第一列是有效的变量类别值，第二至第五列依次是次数、百分比、有效百分比和累积百分比。当然，由于是离散变量，有关分布的其他描述统计并没有多少意义。

表9－5 Frequencies过程所作次数分布表

专业背景

		Frequency	Percent	Valid Percent	Cumulative Percent
Valid	材料科学	6	17.1	17.1	17.1
	电子工程	7	20.0	20.0	37.1
	机械工程	6	17.1	17.1	54.3
	计算机	9	25.7	25.7	80.0
	物理学	4	11.4	11.4	91.4
	心理学	3	8.6	8.6	100.0
	Total	35	100.0	100.0	

SPSS中的次数分布图制作通常有两种方式，除了在Frequencies过程中直接制作外，还可单独使用主菜单中Graphs的相应统计图功能完成，其中的设置和选择更为复杂，不赘述。打开Charts按钮，可以单选制作的次数分布图有条图（bar charts）、圆形图或饼图（pie charts）和直方图（histograms）。前两种主要用于本例中的离散变量，而直方图通常用于连续变量。图9－5左即本例中作出的职业类别人数分布条图，条图中的坐标系中，横坐标没有实际意义，只表示变量各个类别，纵坐标表示次数或相对次数（作图时选择percentages），从各直条的高度可以直观看出各类别人数分布多少，如这里工人最多，农民和其他职业最少。如改用饼图，则不仅可以直观看出各类别次数，还可以看出各类别次数占全体的相对比例，图9－5右即编辑后的饼图，最多的工人类别被突出显示。

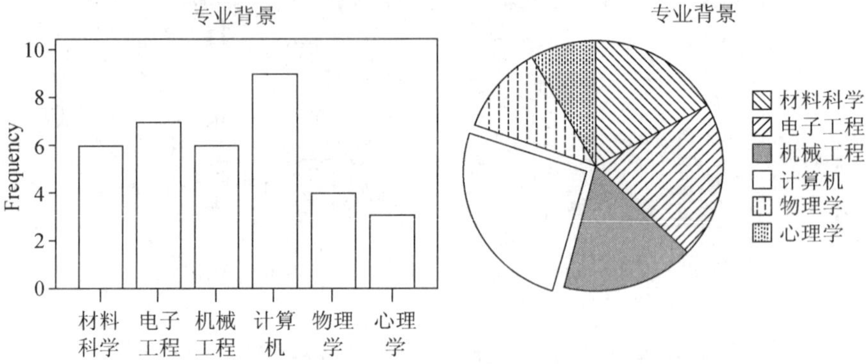

图9－5 Frequencies过程的次数分布图和饼图示意

（二）连续变量的次数分布

连续变量通常是等距或等比变量，其取值理论上可以取一段范围内的任意值，其次数分布的编制通常采用分段分组的方法，关键是选取适当的分组。关于手工制作连续变量次数分布表的方法和某些具体规定（如关于分组界限、分组代表值等）不再赘述。需要注意的是SPSS不能自动完成分组后的次数分布表，这里所列出的次数分布实际上是一种“穷举式”次数分布，即将所有不同数值的次数统计并显示出来。不过借助描述统计特别是次数分布图了解数据的分布规律后可以使用其他的SPSS过程（如数据转换过程）重新建立分组后次数分布表。下面举例说明连续变量次数分布表的制作及特点。

例9－2 对40名学生某次测验的成绩（满分130分）作其次数分布。

对于连续变量，描述统计量比较重要，可以不选择输出次数分布表。在描述统计子对话框中选择平均分成10组，统计方差、均值、中数、峰度、偏度、最值等。在绘图子对话框中选择作直方图并添加正态曲线（with normal curve），输出结果包括描述统计和次数分布图见图9－6。左图中罗列出各描述统计量以及按10个平均分组给出的9个百分位数；右图中自动将数据分成了9组，横坐标显示的是各组组中值（如果使用Graphs菜单中的Histograms过程则分组方式不尽相同）。从直方图中次数分布和正态曲线的拟合程度以及描述统计中的峰度和偏度数值可以看出，该数据分布略成偏态分布。

Statistics

测验成绩

N	Valid	40
	Missing	0
Mean		108.0000
Median		108.5000
Variance		84.051
Skewness		-.169
Std. Error of Skewness		.374
Kurtosis		-.869
Std. Error of Kurtosis		.733
Minimum		90.00
Maximum		125.00
Percentiles	10	95.0000
	20	99.4000
	30	102.3000
	40	105.0000
	50	108.5000
	60	111.2000
	70	113.7000
	80	117.0000
	90	119.9000

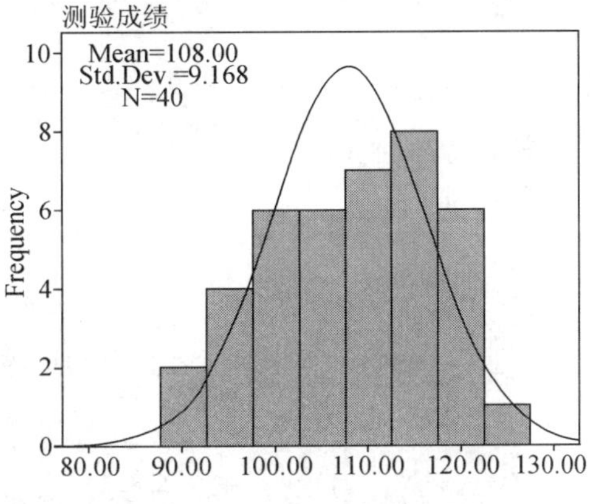

图9－6 连续变量次数分布统计表和直方图

此外，SPSS中进行单变量描述统计还可以通过Descriptive Statistics菜单下的Descriptives过程来实现，其对话框构成类似于Frequencies过程，只有一个Options按钮，其包含的描述统计功能也远不如Reports或Frequencies过程中丰富，不过其最大的功用是有一个Save standardized values as variable复选框可以直接将变量Z分数求出并保存在数据集中供后续分析用。最后，若要计算数据的百分等级分，可以直接利用其公式（如公式（9.6））调用Compute过程直接计算。

三、相关度量计算过程

作为描述统计量的相关系数计算，在 SPSS 中主要通过 Analyze 菜单下的 Correlate = > Bivariate 和 Descriptive Statistics = > Crosstabs 来实现。不过这些 SPSS 命令包含整个相关分析过程，在计算相关系数的同时也会给出假设检验结果，所以这里只对各过程可以统计的相关系数类型作简单介绍。

（一） Bivariate

该过程主要计算多个变量间“两两”直线型相关同时进行相关系数的显著性检验，结果显示在一个表格中。该过程的主对话框（如图 9 – 7）除了两个变量框外，只有 Options 功能按钮，可以选择输出每个变量的均值、标准差及交叉积和协方差以及缺失值处理方式。后两种矩阵主要用于其他高级统计过程（如探索性因素分析、验证性因素分析等）的后续分析。注意，Bivariate 过程提供的相关系数计算只有三种：Pearson、Spearman、Kendall's tau – b。前两种已经述及，主要用于计算连续等距正态数据间相关以及等级数据或非正态连续等距数据；后一种是 Kendall 等级相关系数之一，和 Spearman 相关系数类似。在显著性检验中可以选择单侧或双侧检验和显著性标定方式，在结果中用上标星号（*）表示 0.05 水平上显著，用双星号表示 0.01 水平上显著。

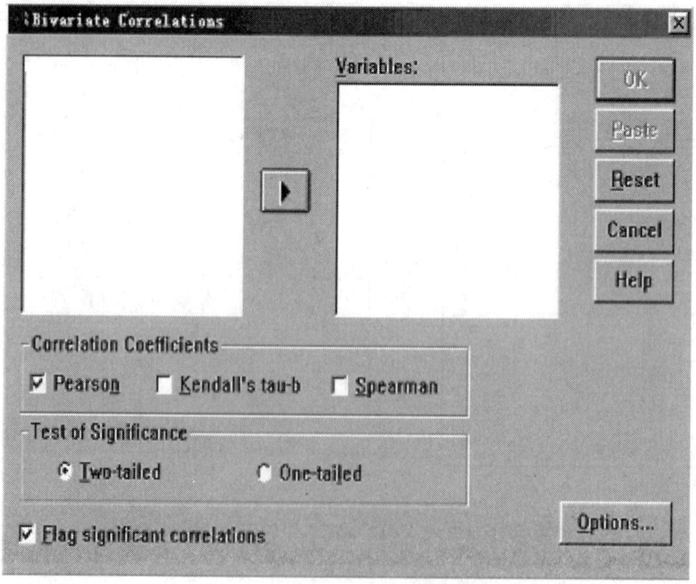

图 9 – 7　Bivariate 主对话框

（二） Crosstabs

该过程主要是用来进行列联表或交互表分析（cross tabulation），所谓列联表指由两个或多个分类变量（可以是名义变量或等级变量）组成的交叉次数分布表，亦称交叉表。其单元格相当于变量交叉后形成的“处理”组合，例如前面品质相关中提到的四格表就是最简单的列联表。二维或双向（two-way）列联表由一个行变量和一个列变量构成；如再加一个控制变量则构成一个三维列联表；多个行、列、控制变量构成多维（multiway）列联表。列联表分析提供了对多维列联表的统计描述和χ^2检验，可进行相应的期望值估计。这里只介绍它提供的主要相关量数及其适用条件。

Crosstabs 过程提供的相关量数主要是在 Statistics 功能按钮中，如图 9－8 所示，除了卡方统计量检验和相关系数检验外，主要提供了适用于名义变量、等级变量、名义加等距变量等类别的一些相关量数，包括一些广义的相关量数（通常不称为“相关系数”，但仍反映变量间的关联关系）。其含义和适用条件见表 9－6。

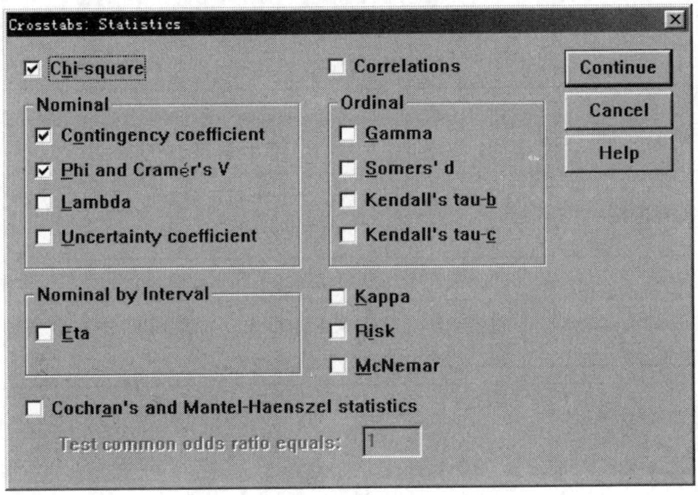

图 9－8　Crosstabs 过程 Statistics 子对话框

表 9－6　各类关联量数含义及适用条件说明

分类	名　称	说　明
名义类别	Contingency coefficient（C，列联系数）	基于χ^2统计量，取值在 0—1 间，不可能达到 1，越大则表示关联性越强。
	Phi & Cramér's V（φ/V，校正列联系数）	都是对列联系数的校正，φ 在四格表中取值在 0—1 间（包括 1），V 对 φ 进行调整，取值在 0—1 间，越大表示关联性越强。
	Lambda（λ）	当用自变量预测因变量时误差降低的比率，取值［0，1］，越大表示自变量越能很好预测因变量，取值为 0 表示两变量独立。
	Uncertainty coefficient（不确定系数）	类似于 Lambda，取值接近 1 表明第一个变量反映第二个变量信息越多。

（续表）

分类	名　称	说　明
等级类别	Gamma（γ）	反映两变量间的等级对称关联性，取值［-1，1］，为1时表示所有数据集中在表格左上角到右下角的对角线上，0表示两变量相互独立，是该类最基本的指标。
	Somers'd	tau-b的非对称扩展，表明同序对超过异序对的比例。
	Kendall's tau-b（τ_b）	等级尺度的非参数相关检验法，是对tau-a的调整（tau-a表明同序对超过异序对的比例）；取值［-1，1］，适用于行、列分类相同的正方形表。
	Kendall's tau-c（τ_c）	类似于tau-b系数，适用于非正方形表。
名义×等距	Eta（η）	自变量和因变量分别为名义、等距型，反映自变量组间变异占因变量总变异的比例；常用平方表示关联性，ANOVA中常用，类似于R^2。
Kappa		评价一致性度量（measurement of agreement），一般要求行、列分类相同，取值［-1，1］，其解释同积差相关系数。
Risk（相对危险度）		只适用于四格表数据，给出相对危险度（RR）和优势比（Odds ratio，OR）作为估计，置信区间≤1表示两变量无关联，否则表示有关联。
McNemar		两相关样本二分类变量间关联程度的非参数检验统计量。
Cochran's & Mantel-Haenszel statistics		包含控制变量情况下四格表（特指SPSS中）数据的分层关联性度量，给出公共优势比值和检验。

【建议参考资料】

1. 黄希庭，张志杰. 心理学研究方法［M］. 北京：高等教育出版社，2005.

2. 张厚粲，徐建平. 现代心理与教育统计学［M］. 北京：北京师范大学出版社，2009.

3. 张文彤. 世界优秀统计工具SPSS 11统计分析教程（基础篇）［M］. 北京：希望电子出版社，2002.

【问题与思考】

1. 什么是描述性统计？
2. 集中量数都有哪些？其在描述性分析中有什么作用？
3. 有哪些相关量数？相关量数怎样计算？
4. 简述方差分析的基本原理。
5. 试用SPSS软件对一组数据进行描述性分析。

第十章　推论性统计

【本章提要】

描述统计主要的功能是将原始数据系统化和概括化，通过对数据的概括处理，发现数据的总体趋势和基本特征。描述统计关心的是样本信息的抽象和概括。对于一项研究而言，更重要的作用是根据所获得的数据信息推论其所在总体的情况，即推论统计。推论统计要求根据样本的局部特性推断总体的情形，主要包括假设检验（hypothesis testing）和参数估计（parametric estimation）两部分：前者对某种关于总体分布情况或其参数的假设进行检验，根据计算结果推断所作假设能否接受；后者则以一次抽样为依据，对总体的某个数字特征（参数）作出估计。本章先介绍抽样分布的有关知识和应用，进而介绍推断统计特别是假设检验的基本原理及主要类型，并结合 SPSS 统计软件，介绍常用的统计检验方法。

【学习重点】

1．了解抽样分布的含义和推论统计的原理，知道如何理解两类错误，了解单侧和双侧检验的依据。

2．掌握推论统计常用的统计检验方法，能够根据所获得的数据选择合适的方法，进行推论统计。

3．熟悉差异检验和方差分析的 SPSS 软件操作方法。

【重要术语】

假设检验　参数估计　参数检验　抽样分布　Ⅰ型错误　Ⅱ型错误　单侧检验　双侧检验　单样本 t 检验　独立样本 t 检验　相关样本 t 检验　一般线性模型

第一节　推论统计原理

一、抽样分布概述

推断统计中要用样本统计量对总体参数作出估计，或者根据样本统计量对总体参数进行假设检验，主要指参数检验（parametric test），必须要了解样本统计量的分布情况。抽样分布（sampling distribution）即样本统计量（或随机变量函数）的理论分布①，是相对于基本随机变量的分布而言的。

（一）样本均值的抽样分布

不同的统计量可以得到不同的抽样分布，例如样本标准差、方差、中数、比例等的抽样分布。每个统计量的抽样分布都可计算出它的均值和标准差等，简称为该统计量的均值和标准差。最常见的是样本均值的抽样分布。设一总体平均数为μ，方差为σ^2，称该总体为母总体。现从该总体中随机抽取容量为n的样本，样本平均数记为$\bar{x}$，则称该样本平均数的概率分布为均值抽样分布（sampling distribution of means）。通常记该分布的平均数和标准差为$\mu_{\bar{x}}$和$\sigma_{\bar{x}}$。其中，称$\sigma_{\bar{x}}$为抽样分布的标准误（standard error，SE），表示平均数抽样误差的大小。根据中心极限定理（central limit theorem），均值抽样分布总体的两个参数与母总体的两个参数有如下关系：

$$\mu_{\bar{x}}=\mu,\ \sigma_{\bar{x}}=\frac{\sigma}{\sqrt{n}} \qquad (10.1)$$

图 10－1 显示了这一关系，随着样本容量的增大，抽样分布的标准误越来越小（因而峰度越来越高），因此，可以通过增大抽样的样本容量来降低样本平均数的抽样误差。若母总体$X\sim N(\mu,\ \sigma^2)$，则其相应的均值的抽样分布始终是正态分布，即$\bar{x}\sim N(\mu,\ \sigma^2/n)$；若样本容量足够大（大样本），不论母总体分布如何，只要总体参数有限且总体容量至少是样本容量的 2 倍，则均值抽样分布近似正态，且其参数仍满足（10－1）式。可见正态分布的应用非常广泛。

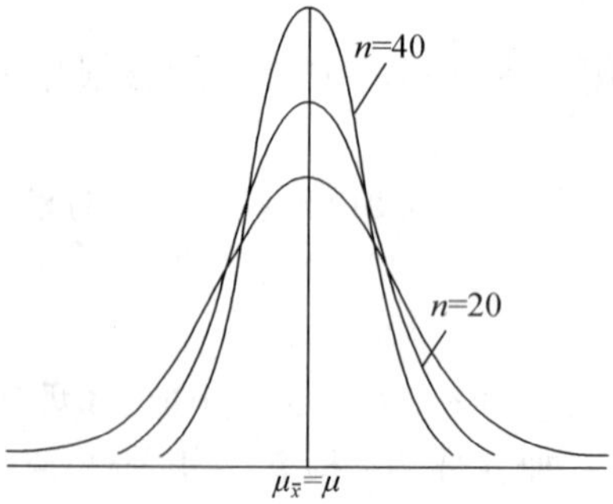

图 10－1　抽样分布（$n=20$，$n=40$）和母总体分布示意

（二）比例的抽样分布

假设总体无限，某事件 A 成功概率为p，失败概率为$q=1-p$，从中抽取容量为n的样本（即n次二项试验），则对 A 事件发生的比例P（成功次数x/样本容量n）的抽样分布，有：

① 作者注：抽样分布一般指理论抽样分布，不同于根据样本次数分布计算而来的经验分布。

$$\mu_P = p,\ \sigma_P = \sqrt{\frac{pq}{n}} \tag{10.2}$$

注意，事件 A 成功次数 x 的均值 np 和标准差 $\sqrt{npq}$ 同这里抽样分布的均值和标准差仅仅是单位不同。特别地，大样本时（np 或 nq 较小者 ≥5）该抽样分布为渐近正态分布。同样，当总体比例（即先验概率 p）未知时，可用样本比例（x/n）估计 P 计算抽样分布均值和标准差。

（三）t 分布

上述大样本统计量的抽样分布为近似正态分布的，常称为大样本理论；与之相对，小样本理论（small sample theory，或精确抽样理论）研究的是小样本统计量的抽样分布。比如当母总体标准差 σ 未知时，小样本均值的抽样分布通常不再是正态分布，此时对包含样本均值的统计量 t 有：

$$t = \frac{\bar{x} - \mu}{SE} = \frac{\bar{x} - \mu}{S_{n-1}/\sqrt{n}} \sim t\ (n-1) \tag{10.3}$$

即统计量 t（形式上模仿 Z）服从 t 分布（t distribution）或学生分布（student distribution），因该分布由高赛特（W. S. Gosset，1908）以 Student 为笔名在一篇文章中提出而得名。其中参数（$n-1$）称自由度（degree of freedom，df），可理解为样本中变量个数（样本容量）n 减去估计该统计量时用去的限制条件个数 k，即统计量中存在的独立、自由变量个数。如样本标准差 S_{n-1} 的计算要用到所有数据均值为 $\bar{x}$ 这个限制条件，因此其自由度为 $n-1$；要计算 t 统计量，也需要用到均值条件（且只用到一个），其自由度为 $n-1$。t 分布是一个比正态分布低的单峰对称型分布（如图 10－2①），均值即对称轴 $t=0$，标准差为 $\sqrt{df/(df-2)}$。t 分布曲线族随自由度增大而趋于正态分布，即大样本情况下可视为正态分布。t 分布主要用在小样本条件下正态母总体方差未知时关于均值的推断统计。

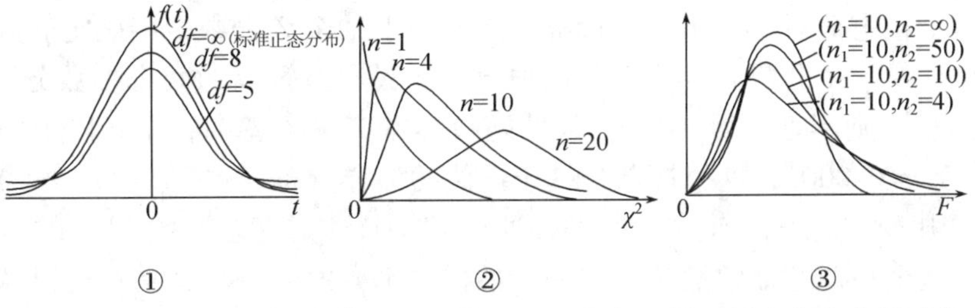

图 10－2　t 分布（①）、χ^2 分布（②）和 F 分布（③）概率密度曲线示意

（四）χ^2 分布和 F 分布

这两个精确抽样分布都主要用于有关样本方差的推断统计。χ^2 分布（卡方分布，Chi-square distribution）由海尔墨特（F. R. Hermert，1875）和皮尔逊（K.

Pearson, 1900）分别提出。设 x_1、x_2、……、x_n 是 n 个相互独立的正态变量（均服从 $N(\mu,\sigma^2)$），则统计量：

$$\chi^2 = \sum_{i=1}^{n}\left(\frac{x_i-\mu}{\sigma}\right)^2 = \sum_{i=1}^{n} Z_i^2 \sim \chi^2(n) \tag{10.4}$$

和 t 分布一样，n 为卡方分布的自由度，决定卡方分布曲线族的形状和位置。卡方统计量始终为非负数，因此曲线只出现在直角坐标系的第一象限，随着自由度增大，卡方分布由正偏态趋于正态分布（如图 10－2②）；其均值和标准差分别为 df 和 $2df$。

F 分布（F distribution）由费希尔（R. A. Fisher）提出。设两个相互独立变量有 $X \sim \chi^2$（n_1）和 $Y \sim \chi^2$（n_2），则随机变量：

$$F = \frac{X/n_1}{Y/n_2} \sim F(n_1, n_2) \tag{10.5}$$

F 分布有两个参数；n_1 是分子自由度，n_2 是分母自由度，随着两个自由度增大，F 分布亦由正偏态趋于正态分布（如图 10－2③）；其均值和标准差分别为 $n_2/(n_2-2)$ 和 $2n_2^2(n_1+n_2-2)/n_1(n_2-2)^2(n_2-4)$。此外，若设从两个正态母总体 X、Y 中抽取出的随机样本（容量各为 n_1、n_2），其样本方差之比有：

$$F = \frac{S_{n_1-1}^2}{S_{n_2-1}^2} = \frac{\sum (x-\bar{x})^2/(n_1-1)}{\sum (y-\bar{y})^2/(n_2-1)} \sim F(n_1-1, n_2-1) \tag{10.6}$$

二、推断统计原理和步骤概述

假设检验亦称统计检验（statistical test）、显著性检验（test of significance），是推断统计的重要内容之一。假设检验方法很多，常用的如 t 检验、F 检验和 χ^2 检验等。尽管这些检验方法的用途及使用条件不同，但其基本原理大同小异。

（一）假设检验原理

由标准正态分布特性可知，标准正态曲线下某个 Z 分数范围确定的区域面积等于随机变量（Z 分数）相应取值的概率。若设离差智商的两个参数分别为 $\mu=100$，$\sigma=15$，则不难算得一个 36 人的随机样本其平均智商在 110 以上的概率为 P（$Z>4$）≈ 0.0003，这个推断是基于均值的抽样分布（$\bar{x} \sim N(\mu,\sigma^2/n)$），意味着如果无限多次地进行有放回抽样，抽得某个样本均值在 110 以上的可能只有 0.03%。这个小概率通常被认为在一次抽样中不会发生，那么是否可以认为若某个样本的平均智商确实为 110，则说明该样本所代表的总体其实和先前的总体存在显著的差别呢？抑或这种差异其实是由于随机误差造成的呢？这是假设检验要回答的问题，请看下面的例子。

例 10－1 某研究者想调查了解少年大学生群体的智商是否显著高于一般同龄人，测查了某大学少年班 70 名学生的韦氏智商（假设相应年龄常模 $\mu_o=100$，

$\sigma_o = 15$），平均智商为 103.3。能否认为少年大学生智力高于一般水平？

解答：这里的一般智商母总体参数记成了 μ_0、σ_0，问题实际还牵涉到另一个总体，即少年大学生群体（设其参数为 μ、σ），是要比较两个总体的均值（参数）间有无差异，即一个显著性检验问题，更要具体判断 μ 是否显著地大于 μ_0，但关于 μ（今后就习惯地用 μ 来指代其总体）的情况则一无所知。其次，这里的 70 人样本是从 μ 中抽取而来，既然无法正面回答 μ 是否显著地大于 μ_o，不妨采用"反证法"的思路：若两个总体本无"区别"，则从 μ 中抽样等价于从 μ_0 中抽样，问题转换为上述的概率判断。在正常人总体中，抽得 70 人样本均值大于 103.3 的概率是多大呢？根据抽样分布理论，70 人样本均值的抽样分布仍为正态分布，均值 103.3 处在该抽样分布总体中的位置是：

$$Z = \frac{\overline{X} - \mu_0}{\frac{\sigma_0}{\sqrt{n}}} = \frac{103.3 - 100}{\frac{15}{\sqrt{70}}} = 1.84$$

不难求得标准正态分布中，$Z = 1.84$ 以上的概率是 0.0329。由此得出，完全在 μ_0 总体中随机抽样，抽得 70 人平均智商 103.3 的概率很小，不足 5%，通常认为一次抽样中不会发生。这样，上述推导的预期结果和"一次抽样就抽到 103.3 的样本平均数"的事实就有矛盾，追根溯源，有理由认为起初关于两个总体无差异的假设并不成立，即该样本不可能来自于一般学生智商总体，而是来自于另一个不同的总体（位于 μ_0 右端），从而得出"少年大学生智力显著高于一般水平"的结论。

以上就是假设检验的主要思想，请读者结合这个例子学习下面的一些重要概念，进一步理解假设检验的原理。

1. 两类假设

研究者关注的研究假设往往是关于"差异"、"有效"、"显著"的假设，比如上述的"少年大学生智力高于一般水平"、"某种抑郁治疗药物有效"、"三种不同的教学方法效果间存在显著差异"、"学业成绩和学习动机强度之间的相关关系显著"等，记为 H_1，例如上面例子中的研究假设若用统计术语描述即：H_1：$\mu > \mu_0$。例子中已经看到，研究假设通常不能直接加以验证而必须借助于反证法，即取其对立面，首先假设两者无差异，这种包含等式假设即无差假设、零假设或虚无假设（null hypothesis），记为 H_0，例如上面例子中的零假设为：H_0：$\mu \leqslant \mu_0$。因研究假设与零假设相对，故也称前者为备择假设（alternative hypothesis）、对立假设。从例子可以发现，零假设是假设检验中推导过程的前提，它起一个"桥梁"作用，通过将已知样本（$\bar{x}$）和已知总体（μ）建立联系而得到 $\bar{x}$ 的抽样分布，从而能够利用标准正态分布进行概率推断。没有零假设中的等号做桥梁，推断就无法进行；而研究假设则站在零假设的对立面，研究者正是通过"接受"

或“拒绝”零假设达到对研究假设正确性的判断。总之，假设检验是根据无差异假设下，推导出的预期抽样结果和抽样事实是否有矛盾来判断是否存在真实的差异，因此习惯上也将其称为统计决策。

2. 小概率事件原理和两类错误

例 10－1 中求得在 μ_0 总体中抽得 103.3 以上均值的概率为 0.0329，这是一个小概率，通常认为这种事件在一次抽样中不会发生，这称为小概率事件原理，它决定了推导结果是否和抽样事实发生矛盾从而推断零假设是否有误。确定是否接受零假设的小概率标准称显著性水平（significance level），记为 α，通常取 $\alpha =$ 0.05 或 0.01。

显著性水平在抽样分布右侧截出一段区域，如图 10－3 所示，在 H_0 为真条件下，图中实线即为 $\bar{x}$ 的抽样分布，其两侧尾端各截出 5% 的面积（图中的浅灰色区域）。

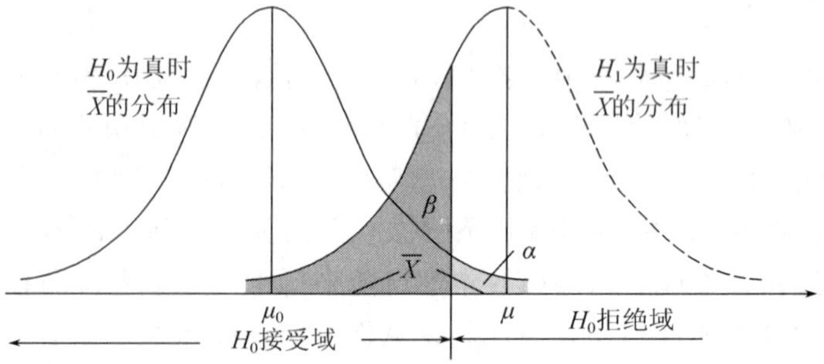

图 10－3　假设检验两类错误示意

若样本均值的 Z 分数落入该区域（计算得到的 Z 统计量值对应的尾端概率小于 0.05）或者 Z 分数超过检验临界值（尾端概率 0.05 对应的 Z 值），则拒绝 H_0 而接受 H_1，称该区域为 H_0 的拒绝域（region of rejection）；反之若落在临界值左侧区域则接受 H_0 而拒绝 H_1，称 H_0 的接受域（region of acceptance）。若拒绝了 H_0 则说明该样本均值来自于 H_0 拒绝域中的另一个不同的总体 μ（图 10－3 中虚线）。

重新审查一下上述假设检验过程，应当看到，根据样本均值 $\bar{x}$ 落入接受域或拒绝域得出接受或拒绝 H_0 的结论是基于小概率事件原理，但这种结论可能会犯两种错误：第一是 H_0 实际成立却否定了它（$\bar{x}$ 落入图中浅灰色区域），称弃真错误或Ⅰ型错误（type I error）、α 型错误即“错误地丢弃了真实的 H_0”，统计量 Z 值不论多大其尾端仍有概率，只是推断时将其作为小概率事件忽略不计了，做出正确结论的概率只有 95%，而不是 100%。第二是 H_0 实际不成立却接受了它（$\bar{x}$ 落入图中深灰色区域），称取伪错误或Ⅱ型错误（type II error）、β 型错误即“错误地择取了虚假的 H_0”。注意，β 区域是在 H_1 成立（虚线的总体 μ 存在）前提

下 $\bar{x}$ 真实抽样分布尾端被 α 概率临界值截出的区域（图中总体 μ 中 α 临界值左侧部分）；$\bar{x}$ 原本来自于总体 μ，却因落入了 H_0 的接受域而被误认为来自于 μ_0。

3. 单侧检验和双侧检验

上述的检验主要关心未知总体均值是否显著大于已知参数，即样本均值比正常水平（100）多出的3.3是代表了真实的差异还是因为随机误差所致，这称为单侧检验（one-tailed test），即将拒绝域置于抽样分布一端（例中放在右侧），换句话说，只需判断该样本均值是否大于（超过）此时的右侧临界值即可得出结论。类似的例子还有采用某种新的教学方法时抽样得到的学生的平均成绩比原来提高5分，要判断新方法是否有效（新方法下的总体均值是否显著大于旧方法）。

但有时无法事先断定两个参数的相对位置，只能笼统地判断两个参数是否有显著差异，这时检验的拒绝域（概率为 α）被分配在抽样分布的两侧（每侧 $\alpha/2$），称双侧检验（two-tailed test）。可见，采用单侧或是双侧检验，主要是看研究者的检验目的以及问题是否提供了关于参数相对大小的信息。它们不同的提问方式也决定了两种检验的假设不同，如例子中单侧检验的零假设写为 H_0：$\mu \leq \mu_o$；而若为双侧检验则应写为 H_0：$\mu = \mu_o$，对应的研究假设为 H_0：$\mu \neq \mu_o$。注意，单侧检验零假设虽然是“小于等于”，但检验时只利用了相等的条件，只要统计量 Z 值大于右侧临界值（Z_α）即可否定零假设中的所有情形而接受备择假设；而双侧检验中，Z 值大于右侧大的临界值（$Z_{\alpha/2}$）或小于左侧小的临界值（$-Z_{\alpha/2}$）都可以拒绝零假设。

（二）假设检验的一般步骤

上面以最简单条件下的均值显著性检验说明了假设检验的原理，一般地，可以写出关于任何总体参数的假设检验或非参数检验的主要过程：

1. 根据问题信息和检验目的写出两种假设 H_0 和 H_1，通常可以先写出 H_1 再写出 H_0；可以用符号表示，也可以用语言描述（非参数检验中）。

2. 选择适当的检验统计量 U（如 Z、t、χ^2、F 等），参数检验要求 U 必须有精确分布并包含被检验总体参数，且无未知量；非参数检验未必有精确分布，但都有类似的统计检验表。

3. 根据样本值计算统计量 U 的值 u。

4. 据显著性水平 α 和 U 的概率分布，查表找出拒绝域和接受域的临界值，注意在双侧检验时要查 $U_{1\alpha/2}$ 和 $U_{2\alpha/2}$（某些分布中两临界值互为相反数）；单侧检验时只需查一侧 U_α 即可。

5. 统计决策，双侧检验中若 $u < U_{1\alpha/2}$ 或 $u > U_{2\alpha/2}$，单侧检验中 $u < U_\alpha$（或 $u > U_\alpha$，视 H_0 而定），都拒绝 H_0 接受 H_1，否则接受 H_1 拒绝 H_0。例如，上述的正态 u 检验中，$Z_{0.05} = 1.64$，那么若 $Z > 1.64$ 或 $Z < -1.64$，那么否定零假设，认为差异显著；若改成双侧检验，$Z_{0.05/2} = 1.96$，那么若 $|Z| > 1.96$，则否定零假

设，认为差异显著。注意到，由于单、双侧检验中两端分配概率不同，双侧检验中的临界值更极端，同样的差异量，使用双侧检验更不容易得到显著结论。

（三）利用参数估计进行统计决策

参数估计和假设检验一样是推断统计的重要内容，它可以使用样本统计量对总体参数进行推断。区间估计（interval estimation）不同于点估计（point estimation）只给出基于一次抽样的一个点估计值，它通过写出一定置信水平（$1-\alpha$）下总体参数的置信区间（confidence interval）来进行参数估计，即总体参数以 $1-\alpha$ 的概率落在该置信区间内。例如通常关心的总体均值的置信区间，根据抽样分布知识，只需知道一个相应的样本统计量和抽样分布标准误即可方便地写出该区间。例如，根据抽样分布知识，当总体方差 σ^2 已知时，有 $P(|Z=\frac{\overline{X}-\mu}{\sigma/\sqrt{n}}|<1.96)=0.95$，则 μ 的 95% 置信区间为 $\overline{X}\pm Z_{0.05/2}\cdot\frac{\sigma}{\sqrt{n}}$；总体方差 σ^2 未知时，$P(|t=\frac{\overline{X}-\mu}{S_{n-1}/\sqrt{n}}|<t_{0.05/2}(n-1))=0.95$，则 μ 的 95% 置信区间为：$\overline{X}\pm t_{0.05/2}\cdot\frac{S_{n-1}}{\sqrt{n}}$。

实际上可以将置信区间理解为“可接受的所有假设的集合”，可借用区间估计的思想来替代传统假设检验中的“反证法”。例如对于上例中的问题，同样在零假设条件下，给出所要判断的总体参数（μ）的 95% 置信区间为 $103.3\pm1.96\times1.8=99.8\sim106.8$，已知参数 100 包含在这个置信区间中，因此可认为在 95% 的置信水平（或 5% 一类错误水平）下零假设可以接受，从而完成假设检验。读者或可发现，这种统计决策和传统假设检验并无实质的区别，只是在操作步骤和表述方式上不同，不论是固定置信水平将零假设和置信区间进行比较，还是判定零假设条件下统计量在抽样分布中的位置都可以。

第二节　常用统计检验法的 SPSS 应用

统计检验法中最常用的是关于均值和方差的假设检验，这些检验过程在 SPSS 中主要包含在 Analyze 菜单中。本节主要介绍这两种最常用方法所涉及的 SPSS 过程界面及有关的菜单、功能选项。

一、差异显著性检验的 SPSS 应用

SPSS 的统计分析菜单如图 10－4 所示，按照顺序，前三个子菜单包含的统计过程主要完成上一章介绍的描述统计。先来看均值比较子菜单（Compare Means）。

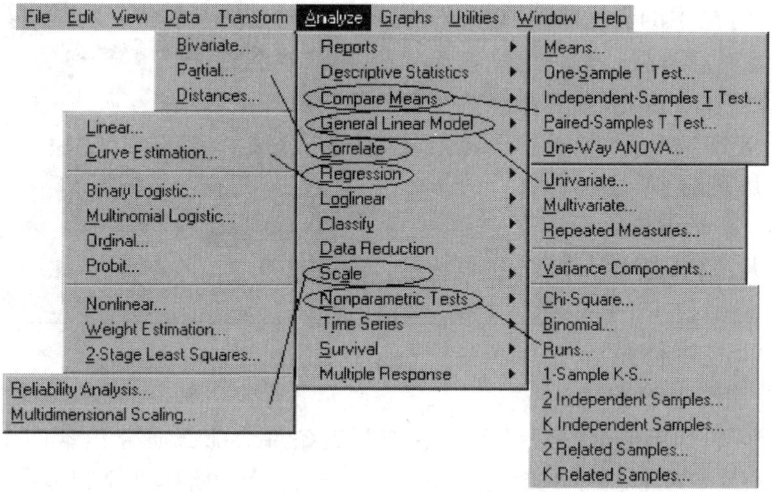

图 10－4　SPSS 统计分析（Analyze）菜单各统计分析过程及主要子菜单统计分析功能

这里的均值比较实际是关于有某种联系的不同总体间均值参数的差异显著性检验过程，最简单的情况就是两总体均值差异显著性检验。上节已述及，单样本均值的显著性检验可以理解成是对该样本来源总体（μ）和一个已知总体（μ_0）间的“双总体”差异显著性检验问题。因此，该子菜单中包含的统计过程主要解决两总体均值的差异显著性检验问题，主要指 t 检验。打开 Compare Means 子菜单，其中包括均值（Means）、单样本 T 检验（One-Sample T Test）、独立样本 T 检验（Independent-Samples T Test）、相关样本 T 检验（Paired-Samples T Test）和单向方差分析（One-Way ANOVA）五个过程，其中单向方差分析可看成 t 检验的推广，但从分析的过程看已经和 t 检验有明显的不同，这一点将和下一个菜单中的方差分析法一起讨论。

（一）Means 过程

该过程更倾向于对按照多个自变量各水平交叉分组的各观测指标样本数据进行描述统计。主对话框和前面所讲的 Reports 子菜单的 OLAP Cubes 过程非常类似，可以对单变量或多个因变量在多个分组变量各处理下的各组样本数据计算包括均值、样本量、标准差（默认的三个）以及中数、方差、标准误、总和、极值、全距、峰度、偏度、调和平均数、几何平均数、各样本数据和及频率等绝大多数描述统计量。

调用该过程的主对话框是一个典型的多自变量多因变量统计分析对话框（如图 10－5 所示），可从左侧备选变量框中选择多个因变量（统计指标）和多个自变量分别进入 Dependent List 框和 Independent List 框中。如果想得到按自变量各水平交叉组合形成的各处理描述统计量，可以利用自变量的分层设置设定 Layer

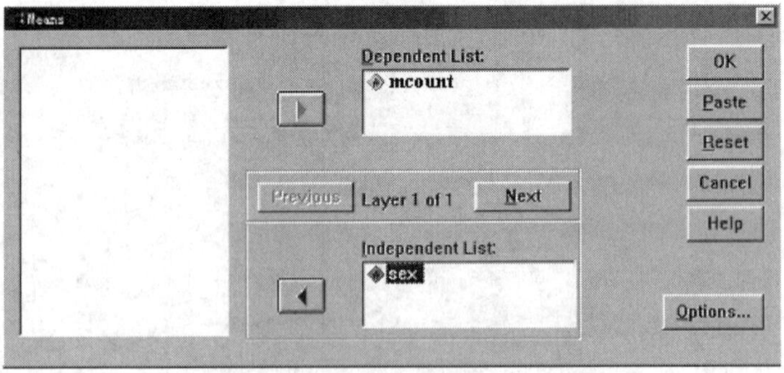

图 10－5　Means 过程主对话框

1、Layer 2 等层中的自变量。

表 10－1 的数据就提供了这样的一个示例：这是班杜拉等人（Bandura & Ross，1961）对儿童攻击行为的一个著名研究的结果。统计的指标是“不同处理条件下的平均攻击次数”，即因变量；假设不考虑控制组条件，那么研究包括四个自变量，分别是给儿童呈现的榜样类型（攻击性/非攻击性）、榜样性别以及儿童性别和作出的攻击的类型。假设提供每个儿童实验的原始数据，如何得到这样的描述统计结果呢？由于四个自变量之间是交叉组合结构，因此需要分别将四个变量设置入四层（设置的顺序可以随意，统计表的外观和变量的嵌套结构可以改变），否则将无法得到完全交叉后的各处理下描述统计，读者可以自行尝试。

表 10－1　Means 过程结果示例

		榜样类型			
		男性		女性	
攻击类型		攻击性	非攻击性	攻击性	非攻击性
模仿身体攻击	男孩	25.8	1.5	12.4	0.2
	女孩	7.2	0.0	5.5	2.5
模仿言语攻击	男孩	12.7	0.0	4.3	1.1
	女孩	2.0	0.0	13.7	0.3
……	……	……	……	……	……

注：据《改变心理学的 40 项研究》P118 表 3.2“儿童在不同处理条件下攻击反应的平均数”，有删节。

Means 过程的特色是包含多种描述统计量的 Options 功能按钮，打开后（如图 10－6）在备选统计量框下方有一个 Statistics for First Layer 复选组，可分别实施按第一层变量分组的单向方差分析和计算 η（eta）统计量以及第一层变量和因变量间线性关系检验，主要是提供决定系数 R^2。类似于相关系数，η 统计量反映了因变量和自变量间联系的强度，用方差的术语讲，η^2 是因变量中组间变异百分比，即组间平方和占总平方和的比例。由于这里的方差分析和线性关系检验非常“粗糙”，还需进行更细致的多因素方差分析。

（二）One-Sample T Test 过程

选择何种差异检验方法或公式关键是看样本个数、样本独立性、总体参数是否已知，以及样本容量等统计条件如何。这里的“单样本 t 检验”主要适用于单组数据（单个连续等距测量型变量）的均值与假设的检验值（给定常数）间的差异检验场合，即上面提到的显著性检验问题。该过程的界面和操作都比较简单，除两个变量框外，需要在下方的 Test Value 框中输入假设的检验值（已知总体均值）；此外打开 Options 按钮，除包含通常的缺失值处理选项外，还需要在 Confidence Interval 框中指定置信度为 $1-\alpha$ 的置信区间，默认输入为 95%。

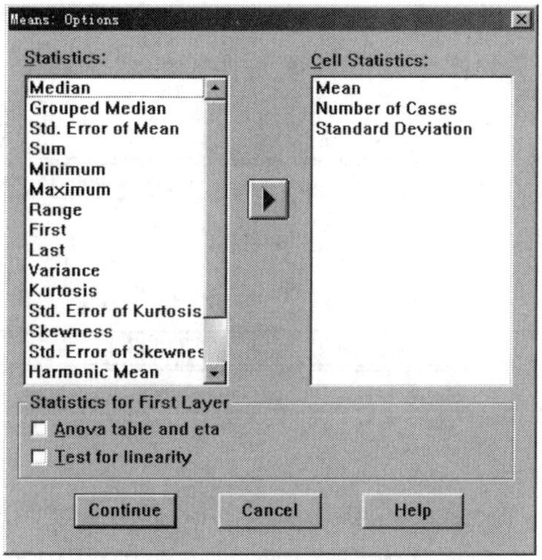

图 10－6 Means 过程 Options

由于该统计过程要求给出特定的总体参数检验值，而绝大多数情况下总体参数的情况是很难掌握的，因此该方法在心理学研究中的应用有限。例如，心理测验中往往牵涉到个体能力或测验分数的评价，如果能够找到关于该测验的常模（norm）资料，则常模分数就可以作为一个检验的标准值，即将常模分数输入 Test Value 框中，对某组被试的平均测验得分和常模分数间的差异进行检验。当然，检验变量框可以选择多个变量，意味着可以使用同一个检验值对多组指标进行检验。再看下面的例子：

例 10－2 测得某班 20 名学生某项心理测验成绩如下，已知测验总体的平均数为 10。问该班学生平均成绩是否与总体平均成绩有差异。

11	10	9	10	11
10	11	12	11	11
12	10	9	10	11
10	12	11	10	11

解答：根据问题条件，测验总体分布形态和方差均不明，因此适合用单样本 t 检验。该题要求对该班学生的总体平均测验成绩和测验总体平均成绩 10 间的差异进行比较。在 SPSS 分析菜单中选择 Compare Means = > One-Sample T Test，选择变量 score 进入检验变量框，设定检验值为 10，运行分析过程，得到结果分两部分：首先给出单变量描述统计，即该班学生测验成绩的均值、标准差以及抽样分布标准误；其次给出单样本检验结果，如图 10－7 所示。图中分别给出了 t 统计量值（3.433）、自由度（19）、双侧显著性水平（≈0.03，双击后可察看真实

值）、样本均值与检验值的差（0.625）以及该差值的95%置信区间（0.24～1.01）。检验结果拒绝无差假说，认为该班平均成绩确实和总体均值存在差异。且因为这里的样本均值大于要比较的总体均值，因此可认为该班成绩优于总体成绩。

One-Sample Test

	Test Value=10					
					95% Confidence Interval of the Difference	
	t	df	Sig (2-tailod)	Mean Difference	Lower	Upper
心理测验成绩(分数)	3.433	19	030	0.625	0.24	1.01

图 10－7　单样本 t 检验结果

请读者思考下面的问题：假设问题条件发生变化，该测验是韦克斯勒智力测验，其总体均值和标准差分别为10和0.9，且测验总体服从正态分布。问题应如何解决？如何在SPSS中实现？考虑到大样本的情况又应如何解决？

（三）Independent-Sample T Test 过程

根据条件，该过程主要适用于两独立样本（数据类型为连续等距测量型且总体服从正态分布）总体均值差异检验场合。打开 Independent-Sample T Test 主对话框，如图10－8。该对话框与单样本 t 检验的对话框相比，增加了一个分组变量 Grouping Variable。所谓分组变量通常即自变量，用于比较的两个总体一般通过一个外部标志联系在一起，而两组数据就是在该外部变量的两个水平下分别收集而来的，从数据集形式上看，两组数据实际上是一个变量（列），只是按照外部变量的不同水平各自成组。这一点对初学者来说尤为重要。因此，凡是自变量为单个分类变量或性质变量，或可通过取分界点人为划分为两个组别的连续型变量（通过定义分组来划分），因变量满足上述数据要求的都可以使用该过程。注意该过程只能比较两个分组，但自变量水平并不一定是两个，实际上研究者可以任意地选择比较观测指标在自变量某两个水平上的均值。选定分组变量后打开变量框下方的 Define Groups 按钮定义需要比较的类别变量水平（如 Group 1 为1男性，Group 2 为2女性等）或者输入分界点 Cut point 定义要比较的连续变量的两个人为类别（如考试成绩60分以上为及格，以下为不及格等）。同样，和均值比较其他过程一样，待检验的因变量个数可以是多个。

（四）Paired-Sample T Test 过程

该过程的适用条件是两相关样本或配对样本（数据类型为连续等距测量型且总体服从正态分布）总体均值差异检验场合。首先要区分什么是独立样本和相关样本。独立样本指从总体中抽取的、数据间彼此不存在对应关系的样本，通常其样本容量不一定相等。相反，相关样本指观测值间存在一一对应关系的样本，包

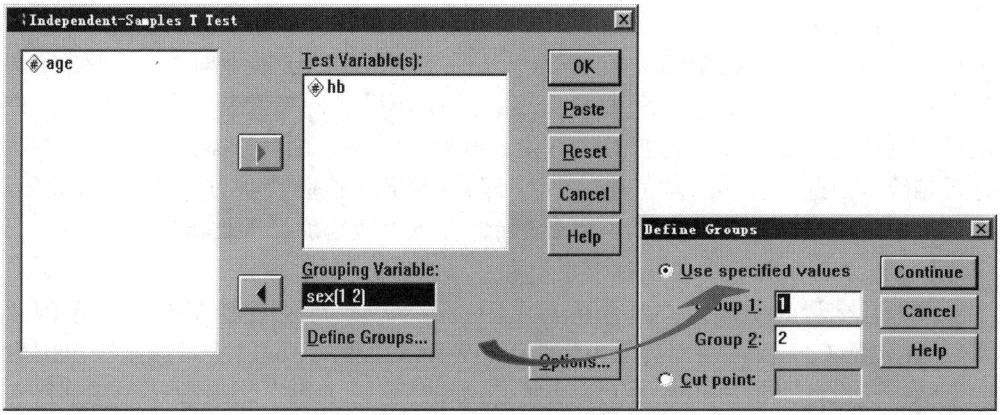

图 10－8　两独立样本 t 检验对话框和功能按钮

括两种可能情形：一是对同一组被试进行重复观测得到的两组数据样本；二是将被试按照某种标准进行两两配对后得到的两组数据样本，亦称关联样本（related sample），其样本容量必然相等。例如，从同一组被试身上重复观测得到的简单反应时数据和智商分数，调查不同对哥哥和弟弟的创造性测验得分，或者不同对母亲的耐心程度得分和其子女的问题行为程度得分（张敏强，2002）等都属于相关样本。

相关样本 t 检验的对话框如图 10－9 所示，界面上除了有常规的 Options 按钮外，主要是一个 Paired Variables 框，用于选择希望进行比较的一对或几对变量：分别选中两个变量，选入配对变量列表，否则无法继续。

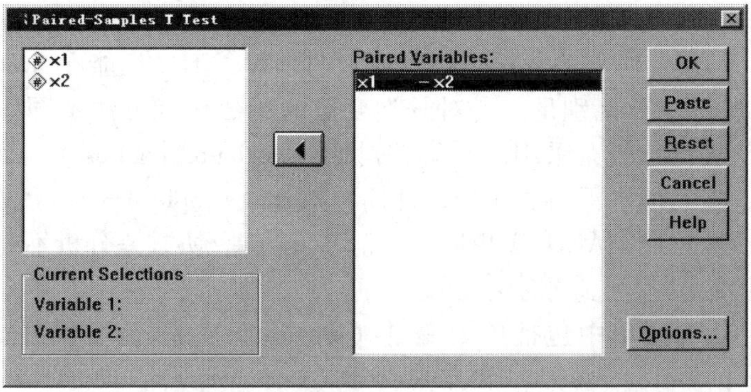

图 10－9　两相关样本 t 检验对话框

二、方差分析和一般线性模型

上述 t 检验分析的自变量只能有一个，从这一点来说，单向方差分析可看成是两组比较 t 检验的推广，它要求自变量有三个以上的水平。不过方差分析的思路已经不再是考虑均值两两之差的抽样分布，而是利用方差的可加性特点，根据不同的研究设计把观测值总变异的平方和及自由度分解为对应不同变异源（source of variation）的平方和及自由度，进而获得不同变异源总体方差的估计值；再利用适当的方差比构造 F 统计量，利用 F 检验推断各样本所属总体平均数是否相等。因此，在多组均值比较中，不能用多次 t 检验代替方差分析，其原因之一在于随着两两比较 t 检验次数的增加，会极大地增加第Ⅰ类错误的概率①。

（一）方差分析和一般线性模型

按照自变量的个数，方差分析有单因素 ANOVA 和多因素 ANOVA，单因素 ANOVA 包括 Compare Means 菜单中的 One-Way ANOVA，不过它只适用于单因素完全随机化设计来讲，若考虑无关变量控制，还包括单因素区组设计方差分析和单因素拉丁方设计方差分析等。按照因变量的个数，方差分析包括一元方差分析（univariate ANOVA）和多元方差分析（MANOVA），此处的“元”指因变量。此外，方差分析还可包括连续性自变量，这种方差分析称为协方差分析（analysis of covariance，ANCOVA）。而多元方差/协方差分析可用来解决多自变量（和多协变量）、多因变量的方差/协方差分析。此外，不同的研究设计的具体方差分析过程又有区别。方差分析的原理比较庞杂，对于初学者来说，最主要的是掌握完全随机化设计和随机化区组设计这两种最简单的方差分析过程即可。统计软件省略了手工计算的繁杂，这时，掌握各种研究设计对应的方差分解特点，弄清如何看懂统计结论是读者最大的任务。

在 SPSS 的分析菜单中，方差分析功能包含在一般线性模型②（general linear model，GLM）中，一般线性模型可视为对多元回归的发展，简单地说，它是进行方差/协方差分析的通用程序，其功能大体相当于多元方差/协方差分析。在 SPSS 中，多元方差/协方差分析是一个独立的过程，不过只能在 Syntax 模式下运行，它和 GLM 的主要区别是二者对分类变量的参数估计方法不同，前者是将各水平与总均值进行比较，采用的是偏差对比（deviation contrast），而后者是设定某参照水平，将其他水平与之比较，即简单对比（simple contrast），GLM 所提供的功能和灵活性相比 MANOVA 更胜一筹。多元方差/协方差分析不是本书讨论的重点，有兴趣的读者可参阅有关文献。

SPSS 的 GLM 菜单中包括单因变量（univariate）、多因变量（multivariate）、重复测量（repeated measures）和方差成分（variance components）四个过程，可以解决完全随机设计、随机区组设计、交叉设计、析因设计、拉丁方设计、正交

---

① 作者注：假设一次 t 检验犯Ⅰ类错误的概率为 α，则 k 次连续比较中该概率上升为 $1-(1-\alpha)k$，参见 Aron & Aron，1994；张文彤，2004。

② 作者注：注意一般线性模型和广义线性模型（generalized linear model）不是同一个概念，后者的范畴更大。

设计、嵌套设计、重复测量设计、裂区设计和均匀设计等类型的方差/协方差分析问题。以下重点介绍 Univariate 和 Repeated measures 两个过程的 SPSS 操作特点。

（二）Univariate 过程

Compare Means 过程中的单向方差分析可同时对一个自变量在多个指标（因变量）上的效应进行检验，其界面和功能按钮也和 Univariate 过程类似，不再赘述。

Univariate 过程主要解决的是单因变量的方差分析问题，从功能来讲相当于多因素方差/协方差分析，即可对连续型自变量进行统计控制。打开主对话框，可将其界面和单向方差分析进行对比（如图 10 – 10），可以发现 Univariate 过程中备选变量的“去向”更加复杂，其自变量在这里实际上包括三类，即固定因素（fixed factor）、随机因素（random factor）和协变量（covariate），甚至还需要为自变量设定权值系数（WLS weight）。所谓固定因素，指的是某因素所有可能的水平都出现在样本中，这时考查的效应称为固定效应，即样本限定的具体处理间的差异；相反，随机因素指某因素所有可能的取值并不都在样本中出现，这时考查的效应称为随机效应，即随机选取的若干处理间的差异。通过设定固定因素和随机因素，Univariate 过程可以处理固定效应模型、随机效应模型和混合效应模型。要判断某因素是固定因素还是随机因素并非易事，但是固定效应模型的结论不能外推至相似处理，而随机效应模型的结论则可以外推，因此需要审慎设定两类因素。所谓协变量是指自变量中的连续变量，通常它无法在实验中进行随机化控制（如被试的机体变量），需要借助协方差模型将其设定为协变量以考查其效应。

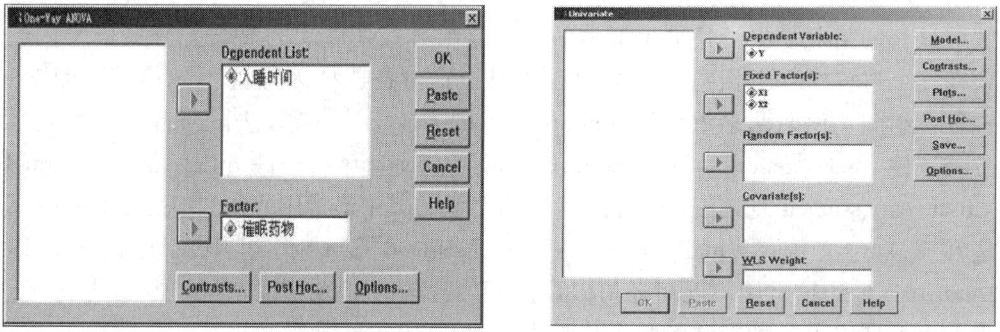

图 10 – 10　One-Way ANOVA 过程（左）和 Univariate 过程（右）界面比较

Univariate 中的功能按钮有所增加，除了多重比较 Post Hoc 按钮界面和单向方差分析相同外，新增了 Model、Plots 和 Save 三个按钮，功能分别如下：

● Model：设定模型，允许用户在默认的全模型（full factorial）之外自行设定模型中所要考查的效应项（包括主效应和各阶交互作用），这可以说是 GLM 最大的人性化特点，提高了统计分析的效率。因为随着模型包含的效应数量增加，GLM 的运算费时增长惊人。经验上，一般三维（三个因素间）以上交互作用可以不用分析。该对话框中还包括选择适当的平方和分解方法及保留模型中截距（intercept）项，GLM 中共计四种平方和分解方法，其中默认的第Ⅲ型对于完全（无缺失单元格）非平衡设计（单元格次数不等）具有较好的稳定性，而第Ⅳ型对于不完全设计效果较好（如图 10－11①所示）。

• Plots：画均值图，单向方差分析中 Options 功能按钮中也可以设定画均值图，不过因为只有单因素，画出来的只是一条折线；GLM 中一般都包含多因素，因此其设定要复杂得多。其对话框中“一次”可设定三个因素（协变量不加入作图），SPSS 自动根据设定对每个因变量都作出所设定因素的边际均值图（如图 10－11②所示）。

• Save：将模型拟合时产生的中间结果或参数保存为新变量供继续分析用，如预测值（predicted values）、残差（residuals）、诊断指标（diagnostics）等。有关指标的含义不再详述。

除此之外，另外三个单向方差分析中也有的功能按钮是：

• Contrast：用于定义精细趋势检验或精确两两比较。该选项在三个过程中略有差异，单向方差分析中只提供了多项式趋势检验（polynomial），可选择从线性趋势一直到最高五次方曲线来进行检验。GLM 过程则提供了六种比较方法，如 Deviation、Simple、Difference、Helmert、Repeated 等。该子对话框主要用于对特定处理间关系的事先假设进行检验，其功能和应用请读者自行参考有关文献。

• Post Hoc：方差分析的事后（Post Hoc）检验可以使研究者在知道自变量效应显著的情况下更清楚地了解该效应究竟由哪些处理间的显著差异造成。该选项在三个过程中基本相同，GLM 过程中可指定对备选择因素（不包括随机因素）进行各组间均值两两多重比较（multiple comparisons）。其方法按照各组是否满足方差齐性（homogeneity-of-variance，or homoscedasticity）条件分成两类：在 Equal Variances Assumed 复选框组中列出了 14 种方法，其中最常用的为 LSD 法、S－N－K 法和 Tukey 法等；Equal Variances Not Assumed 复选框组中共有四种，以 Dunnetts's C 法较常用。同时还可以设定两两比较时的显著性水平，默认为 0.05。表 11－5 列出了各种方法的特点供参考（如图 10－11③所示）。

• Options：其他选项，One-Way ANOVA 中主要包括描述统计、方差齐性检验、简单均值图复选框；GLM 中稍有差异，增加了各处理估计边际均值（estimated marginal means）、主效应比较、效应量估计、参数估计、精细比较系数矩阵、散布—水平图、残差图、拟合劣度检验、一般估计函数表等。对于实际应用者来说，上述大多数选项并不一定常用，读者只需了解主要操作的实现方法并能够阅读相应分析结果即可（如图 10－11④所示）。

表 10－2　14 种多重比较方法特点及适应条件

方差整齐适用	LSD	用 t 检验完成组间两两配对均值的比较，利用了整个样本信息，但仍存在放大 I 型错误概率问题，和 Bonferroni 法一样，侧重减少第 II 类错误
	Bonferroni	同上，但通过设置每个检验的误差率来控制整个误差率
	Sidak	用 t 检验完成多重配对比较，为多重比较调整显著值，但比 2 的界限要小
	Scheffe	对所有可能的组合进行同步进入的均值配对比较，当各水平个案数不相等，或想进行复杂的比较时，用此法较为稳妥
	R－E－G－W F	Ryan－Einot－Gabriel－Welsch F，用 F 检验进行多重比较
	R－E－G－W Q	Ryan－Einot－Gabriel－Welsch range test，在正态分布范围进行多重比较
	S－N－K	Student－Newman－Keuls，用 Studentized Range 分布进行所有各组均值间的配对比较，对 I 型错误控制较好，是应用最广泛的方法之一，和下法一样较适用于组数相等条件
	Tukey	Tukey's honestly significant difference，用 Studentized Range 统计量进行所有组间均值的配对比较，用所有配对比较集合的误差率作为试验误差率
	Tukey's－b	同上，但其临界值是 Tukey 和 S－N－K 检验相应值的平均值
	Duncan	进行配对比较时，使用的逐步顺序与 S－N－K 检验的顺序一样，但并不是给每个检验设定一个误差率，而是给所有检验的误差率设定一个临界值
	Hochberg's GT2	用正态最大系数进行比较检验和范围检验
	Gabriel	用正态标准系数进行配对比较检验，单元数较大时较自由
	Waller－Duncan	用 t 统计量进行比较检验，使用贝叶斯逼近
	Dunnett	选择最后一组为参照，其他组和其进行配对比较，要激活控制类别框选择对照组
方差不齐适用	Tamhane's T2	用 t 检验进行配对比较
	Dunnett's T3	用正态分布范围进行配对比较检验
	Games－Howell	同上，这种方法较灵活
	Dunnett's C	正态分布下的配对比较

（三）Repeated Measures 过程

GLM 中对于被试内设计（within-subject design）数据（包括牵涉到被试内变量的混合设计数据）的方差分析是通过重复测量（Repeated Measures）过程实现的。被试内实验设计中每个被试接受多个甚至全部处理。某因素的所有水平均实施了重复观测，则称该因素为被试内因素，如测量的时间点；而在重复测量中对于被试个体保持恒定的因素称被试间因素，如性别。重复测量设计的重复观测间存在相关，违反了一般方差分析的独立性假设，因此其方差分析有独特的方法：

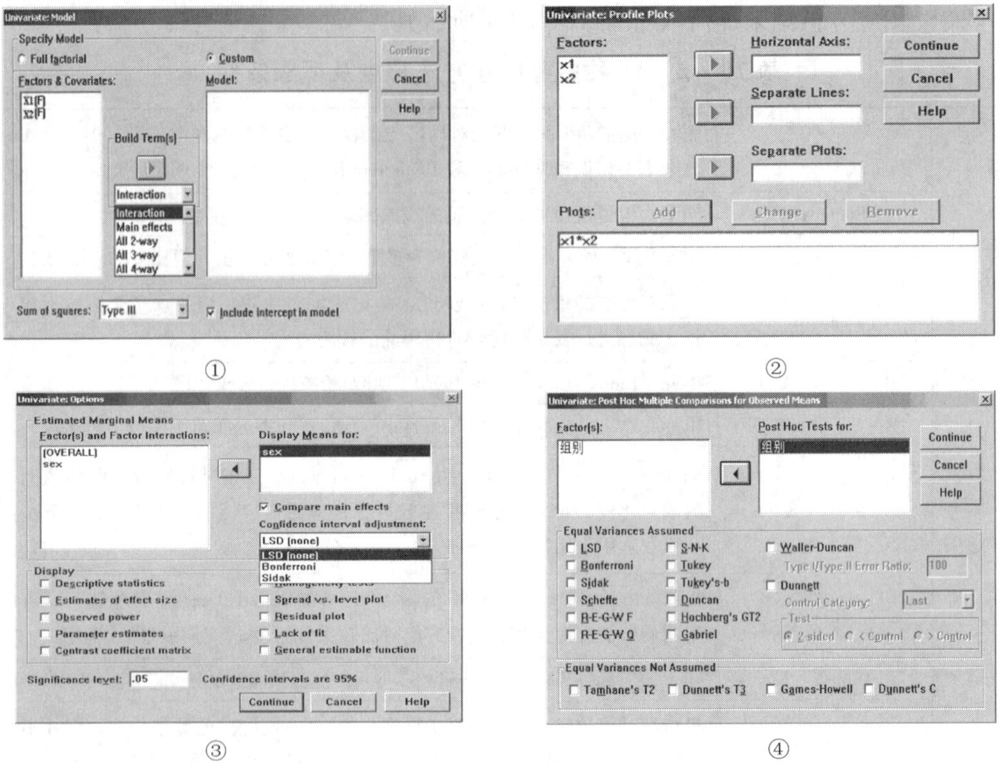

图 10－11　Univariate 过程主对话框和主要功能按钮

它是将总变异分解为被试间变异、被试内（重复观测）变异，并从这两种变异中各自分离出被试间因素效应、被试内因素效应及对应的误差项，其 F 检验的误差项要比一般的方差分析复杂得多。这种设计要求处理对被试没有长期的影响，如学习、记忆和疲劳等效应。实验时每个被试接受处理的顺序应该进行随机化。

调用 Analyze = > Repeated Measures 后，首先进行被试内因素定义（如图 10－12左所示），因为数据集中的不同列代表了不同实验处理下的重复观测，因素“隐藏”在变量列中。输入变量名，再输入该变量水平数，按 Add 添加。例如先后定义了两个因素 s 和 t，水平数分别为 3 和 2；按 Define 键后进入主对话框，左侧的备选变量框中除了有一个被试间变量性别（sex）外，其他六个变量（列）均为同一群被试的重复测量结果。由于两个被试内因素交叉后形成六个处理，不论每个被试接受这些处理的顺序如何，假设输入数据集后按顺序分别记为 s1t1、s1t2、s2t1、s2t2、s3t1 和 s3t2（假设序号分别表示该处理由两因素的哪两个水平组合而成）。选中六个变量到右边，可以看到各变量的记号刚好对应标准的处理序号格式，即 s1t1（1，1）、s1t2（1，2），……。同时可以看到，该过程同样允许选择被试间变量甚至协变量，即处理被试间—被试内混合设计的方差/

协方差模型（如图 10－12 右所示）。若是重复测量收集了多个指标（多因变量），则可打开 Measures，通过 Measure Name 来设定不同的观测指标。

该过程主对话框中的各功能按钮设置和结构同 Univariate 过程，需要注意的是在 Model 中，被试间变量和被试内变量是分别设置的。Post Hoc 中，只能设定对被试间变量进行多重比较，要对被试内因素进行事后比较，需要在 Options 中选择检验被试内因素主效应（compare main effects）。

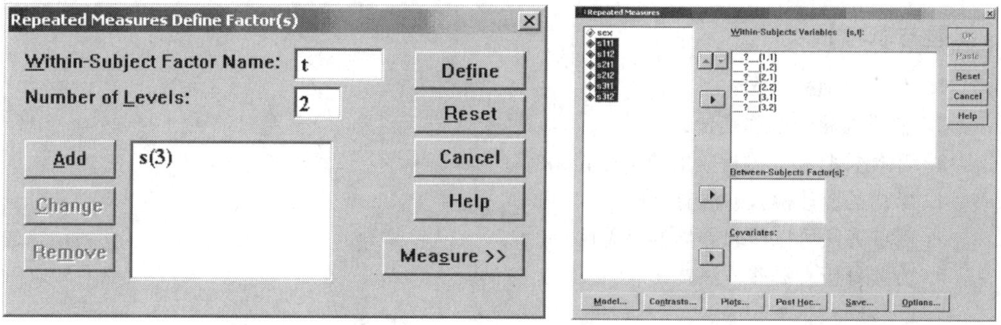

图 10－12　Repeated Measures 过程主界面示意

（四）GLM 中的其他过程

GLM 中的 Multivariate 过程可以解决多元方差/协方差分析问题，单向方差分析或多因素方差分析都只涉及一个因变量，而多元方差分析则包含多个相互关联的因变量；因此其效果不等同于多次“一元”（单因变量）方差分析结果的复合，因为其考查各处理在多个指标上的差异是同时完成的，牵涉到因变量的多元联合分布。多元方差/协方差分析对于样本规模和因变量等有一些假设条件，大都可以利用相应的功能选项进行检验，读者可参阅“建议参考资料”中的文献。从功能看，Multivariate 过程能够实现除重复测量方差分析之外的所有方差/协方差分析，前面所讲的单向方差分析和多因素方差/协方差分析都可以视为 Multivariate 过程的特例，其 SPSS 界面和操作特点类似于 Univariate 过程。多元方差分析不是本书讨论的重点，这里不再赘述。

GLM 中还包括一个方差成分（Variance Components）分析过程，也属于高级统计过程，主要用来进行随机效应方差分析模型的统计分析，也可以同时包含对固定效应的检验。其界面类似于 Univariate 过程，即可设置单因变量、多个固定因素或随机因素、多个协变量；但功能按钮只包括 Model、Options 和 Save 三个。和 Univariate 过程一样，在模型设置中可自定义考查固定因素间、随机因素间或固定×随机因素间交互作用。其最大特点是在 Save 中提供了方差成分估计量以及各成分间相关/协方差阵，在 Options 中提供了四种估计随机效应方差的方法。

【建议参考资料】

1. 黄希庭，张志杰. 心理学研究方法［M］. 北京：高等教育出版社，2005.

2. 张厚粲，徐建平. 现代心理与教育统计学［M］. 北京：北京师范大学出版社，2009.

3. 张文彤. 世界优秀统计工具 SPSS 11 统计分析教程（基础篇）［M］. 北京：希望电子出版社，2002.

【问题与思考】

1. 什么是抽样分布？
2. 假设检验的原理是什么？
3. 单侧检验和双侧检验的依据是什么？
4. 常用的统计检验方法有哪些？
5. 哪些方法可以检验差异的显著性？
6. 方差分析有哪些方法？

第十一章　心理学研究报告的写作、阅读与评价

【本章提要】

研究报告是陈述性和说明性相结合的应用文文体，创造性、理论性和规范性是研究报告的基本特征。研究报告按照不同的标准可以分成不同的类型。研究报告具有客观性、准确性、简洁性和可读性的写作风格。研究报告一般有标题、署名和单位、摘要、关键词、正文、参考文献、附录等组成要素，各要素的撰写都有不同的写作规范。研究报告评价的总体标准可以从创造性、可靠性、完整性几个方面进行。研究报告评价的重点是对内容的评价，即对问题提出、研究方法、结果、讨论以及结论的评价。

【学习重点】

1. 了解研究报告的类型和研究报告阅读与评价的意义。
2. 掌握研究报告的特征和研究报告评价的总体标准。
3. 熟悉研究报告各组成部分的撰写要求并予以实践。

【重要术语】

研究报告　标题　摘要　关键词　文献综述　研究方法　研究结果　讨论　结论　参考文献　附录　研究评价　结论概括性

第一节　研究报告概述

一、什么是研究报告及其特征

研究的英文单词 research 很有启发意义，search 是寻找、re + search（研究）就是再寻找、反复寻找。将研究的历程和结果用文字或口头形式加以正式表达称为研究报告（research report）。研究报告的基本目标就是信息交流。研究最初往往是个体或团队所经历的思想历程及获得的新认识，需要将其公众化、公开化，成为人类的共享性知识，即将研究报告给他人或社会，通过规范的报告达到将个人或团队的新发现与学术共同体进行沟通和交流的作用。一份研究报告可以让其他研究者对之进行阅读和评价，使其他研究者在一个相对正确的方向上不断地“反复寻找”并有所得，从而促进整个学术的进步。

心理学研究报告是将探索心理现象及其规律的心智历程用文字或语言形式加以呈现。研究报告是学术共同体内的每个成员都需要掌握运用的工具。要起到信息共通和交流与促进学术进步的作用，研究报告要具备一些基本的特征，即创造性、理论性和规范性。

创造性是研究报告的灵魂。一项研究只有具有了创造性，即发现新知，才能推动学术的进步。当一项新的发现需要向他人报告时，也是一个创造过程，它需要用高度概括的语言文字将研究者曾经充满艰辛、曲折乃至挫败的心智历程呈现出来，表达这个历程也是需要创造性的。

理论性是指研究报告能够在抽象、概括的层面上推进人类对心理的认识，并非单纯地呈现一种现象或一推数据。心理学研究报告切记不能让一堆数据成为文章的主体，而是要让研究者心目中的理论性认识去统率这些数据，最后能够在更高层面上推动心理学的进步。学术共同体不希望某个研究者仅仅呈现一个简单的事实，而是希望看到能够解释一类事实的新知识或一个事实背后深层次的规律。

规范性是指要遵循学术共同体的表达规范。学术共同体一旦形成，就会形成一些约定俗成的表达规范，其目的就是为了交流的顺畅。研究报告为了达到与学术同行交流的目的，就要遵循学术共同体的表达方式和结构形式。一篇缺乏规范性的研究报告，往往被认为其研究者缺乏基本的学术训练，其研究结果的可靠性往往在同行心目中被大打折扣。

二、研究报告的内容

研究者将采集到的研究资料进行统计并分析，可以获得一些新的发现，固然这个过程可以丰富个人的经验和知识，但毕竟这仅仅停留在个人的层面上，还没有成为社会共享的知识，尤其是作为一门科学，它具有公开性，需要接受学术共同体的检验，最终成为社会共享性的知识。要达到与学术同行的沟通和交流的目的，一份完整的研究报告，要提供三个方面的信息：

第一，研究者做了什么。报告要写明整个研究实施的过程，对其要描述得相当细致。

第二，研究者发现了什么。报告要对研究结果进行客观介绍和评估，这要写明采用的测量方法、统计分析手段以及对这些结果作何种解释等。

第三，研究者的研究与相关领域中的其他研究有什么联系。一项研究不能孤立地存在，必须和其他研究建立起联系，才能不断推进对事物的认识。

三、研究报告的类型及写作风格

（一）研究报告的类型

各类报告涉及的内容纷繁复杂，表现的形式也不尽相同，按照不同标准可以将其分为若干类型。心理学研究报告主要包括实验研究报告、理论综述报告、个案研究报告和方法学研究报告。

实验研究报告是心理学领域研究报告的主要形式。依靠实验的方法和技术探索人类心理现象的规律是心理学作为一门科学的重要特征。这类研究报告重在表述实验中如何操纵自变量、排除无关因素的影响、测查因变量的过程，并揭示出研究现象之间的因果关系。

理论综述报告是指在对某一研究领域内的某一专题文献进行系统理解的基础上，将相关文献加以组织后对该专题加以概括、总结、分析、比较，从而对以后进一步研究加以指导的研究报告形式。理论综述报告应在总结过去的基础上，为未来的研究提供理论指导。

个案研究报告是指根据一个或几个被试的个体情况，提出新的研究问题或提出对某一现存问题解决方法的报告形式。个案研究可以说是实验研究的一个特例，即只有一个或几个被试的实验研究。个案研究的研究对象往往比较特殊，在实际当中难以获得。

方法学研究报告是指一种着重介绍新的研究方法或改进现有研究方法的报告形式。心理学中一种新技术或方法的出现，往往影响深远，但是方法学上的创新往往比较艰难。

对于初入心理学之门的大学生来讲，由于掌握的相关知识和技能有限，应首先以掌握实验研究报告的撰写为主，随着研习的深入不断掌握其他类型研究报告的撰写。

（二）研究报告的写作风格

研究报告是陈述性和说明性相结合的应用文文体，其写作目的在于提供一份关于研究者实验研究的简单而直接的描述和解释，一些常见的写作风格应当具备，否则会影响到研究报告在研究者之间的交流和沟通。

1. 客观性

客观就是要求使用中性的语言词汇把事实告诉读者，避免使用主观或带感情成分的文字。在文献回顾时，不能只引用对自己有利的文献，有意回避对自己不利的文献。在报告研究过程中，不能有意隐瞒研究中所出现的问题，例如实验控制变量不当的情况。在结果报告时，也不能根据结果而删除资料分析前所提出的研究假设。当然不是说绝对不能删除资料，而是删除资料必须有足够的理由，不能以“制造”理想结果为目的。

研究报告不是个人的故事，它应保持客观而不带个人色彩，即尽量少用第一人称代词，比如“我”、“我的”、“我们”以及“我认为……”、“我相信……”、“我……”这些字眼。写作时还要避免使用有偏见的语言，而是尽量使用精确的有专业水准的语言。另外，还要尊重参与研究的人员。例如，不要使用“学生被要求……”，而是要写成“学生完成了……”，等等。

2. 准确性

准确就是要求使用公认的学术语言表达，用词恰当、搭配合理，以合乎逻辑和语言习惯的方式写作。在行文中陈述事实真实可靠，避免模糊的词汇，仔细区分近义词和同义词在含义上、用法上的细微差别。

3. 简洁性

研究报告应具有清晰、简洁的风格，避免烦琐冗长，要用最少的文字将研究表达清楚。尽量少作描绘，行文表达直截了当，能删除的冗字一定要删除。文献综述部分切忌把一些貌似有关的资料堆砌其中，一定要做到只使用那些与文章相关的资料。方法部分对常见的方法的介绍要尽量精简，但是对于新的研究方法要适当详细一些。结果部分则尽量充分利用和发挥图表的功能，图表呈现出的信息往往能达到文字表达之外的效果。

4. 可读性

追求简洁的写作风格，并不意味着单调、呆板，研究报告也应该朴实、清新、明快、生动，具有较强的可读性。朴实是避免华丽的辞藻，避免夸张和不恰当的比喻，避免口语化以及艰涩难懂的文字。研究报告可以为提高文章可读性适当增加生动性，但是一定要在准确的前提下这样做。一篇研究报告也可以视为作者讲给读者们的“故事”，如果将一个研究的历程和结果像讲故事一样娓娓道来，自然会吸引更多的读者，反之读起来令人乏味，就严重影响研究报告中观点的交流和分享。

撰写研究报告是一项独特的智慧上的挑战，一方面要表达出自己的思想，另一方面是要让报告的阅读者能够理解和接受写作者的观点，因此，撰写研究报告时切记是为阅读者而写作，力争让每个字、每句话都能发挥其应有的价值。

第二节　研究报告的组成部分及其写作要求

近些年来，随着国际交流日益广泛，国内的心理学期刊与国际逐渐接轨，基本上都采取了美国心理学会（APA）论文的写作规范。APA 的写作规范的影响并非仅限于心理学界，自从它诞生以来，已经被许多学科领域所接受，成为学术界重要的写作规范之一。因此本部分内容主要是参照 APA 对心理学研究报告的格式要求进行介绍。

一、标题

标题即一篇研究报告的篇名，标题是对文章内容的精练表述，它应当明确地表达被考查的变量、理论及关系，尽可能完整准确地概括出研究的内容，又要避免使用多余词语。标题的特点是言简意赅、概念明确、层次分明、直观醒目。中文标题一般不宜超过 20 个汉字。

研究报告的标题十分重要，它既要展现论文的中心内容和重要论点，使读者能了解到该文的核心内容和观点，还要可供二次文献机构、数据库系统进行检索和收录。标题往往是读者判断和决定是否阅读该文章的重要依据，好的标题往往可以争取较大的读者群，进而使论文体现本身应有的价值。

标题应概括性地总结论文的主要观点，包括所研究的变量以及它们之间的相互关系，如《辩证思维降低攻击性倾向》，就是一个较好的题名。题名也可以是直接研究的某个理论问题，但应避免使用含义笼统的词语。另外，要避免使用那些没有特定用处，而只增加题名长度的文字。例如，像"一项……的研究"或者"……的实验研究"之类的烦琐用词都不宜出现在题名中。题名中也要避免使用缩略词。

标题语义未尽，确有必要补充说明其特定内容时，如报告研究课题分阶段所取得的成果，可以采用不同的副标题来区别其特定内容。尽量少用疑问句做标题，疑问句做标题可能会提高文章吸引力，但是被引用的几率往往低于肯定句做标题的情况。

二、作者姓名和单位

论文作者应在作品上署名，这既是作者的权利也是义务。署名者可以是个人作者、合作作者或团体作者。署名是文责自负的承诺，即论文一经发表，署名者对作品负有责任，包括政治上、科学上和法律上的责任。如果文章中存在剽窃、抄袭的内容，或者有政治性、技术性错误，署名者应负完全的责任。另外，署名便于读者与作者联系。读者若需向作者询问、质疑或请教，可以直接与作者联系。

论文的署名者一般需要具备以下条件，第一，应是直接参加课题研究的全部或主要部分的工作，并作出主要贡献者；第二，应为作品创作者，即论文撰写者；第三，本人对研究数据、概念和结果解释具有答辩能力，并为论文的直接责任者。作者应是上述三个条件的同时具备者。不够署名条件但的确对研究成果有所贡献者可作为致谢栏中的感谢对象。

多位作者共同完成的作品联合署名时，署名顺序应按其对该文的贡献大小排列。第一作者是主要贡献和直接创作者，同时又是作品的直接责任者，享有更多的权利，承担更多的义务。有时多位作者联合署名的文章列有通讯作者，通讯作者往往是文章的直接责任人。

三、摘要

摘要是对研究的一个简短的描述。不同刊物对中文摘要有着不同字数要求，一般 200 字左右。摘要虽然出现在文章之首，但它通常是在论文基本上写完之后才写的。摘要往往是标题之外，读者阅读的第二个内容，如果对读者有价值，会使得读者进一步阅读全文，因此摘要对于文章的可利用性及其传播有着重要的作用，往往是读者决定是否进一步阅读全文的关键。

摘要具有相对的独立性，不是对论文的补充或评价。摘要要做到能够让读者在没有阅读全文的情况下，就能获知整篇文章的核心内容，它是整篇文章核心内容的缩写。摘要应包括以下内容：研究的问题，用一句话概括出研究的主题；被试情况，包括人数、年龄、性别等；方法情况，包括仪器、程序测试名称等；研究的发现，包括统计检验的显著性水平；结论；理论意义或应用价值。摘要应该突出研究报告中的最重要内容，同时要用最少的文字表达最丰富的信息。摘要中的术语要用全称，一般不出现文献引用。摘要还具有非评价性，不要在摘要中对论文内容作诠释和评论。

撰写摘要时，不要把本学科领域中的常识性内容写入摘要，一般也不得简单地重复题名中已有的信息。一般不用引文，除非该研究报告是对他人研究报告的证实或否定。要用第三人称撰写摘要。建议采用“对……进行了研究”、“报告了……的现状”、“进行了……调查”等记述方式，不必使用“本文”、“作者”等作为主语。

摘要的撰写尽量做到“惜字如金”，要在有限的字数要求之下，采用条理清晰、措辞有力的形式写作，争取让每一句都有实质性内涵，否则就可以删除，例如“具有一定的理论意义和实践意义”这样的字眼就没有必要出现在摘要之中。

中文研究报告往往附有英文摘要，其目的是为了与国际学术界的交流。撰写英文摘要时，要做到主要观点的一致性，但是由于中英文表达习惯的不同，不要逐字逐句地将中文翻译成英文，而是要充分重视英语的表达方式、语言习惯，必要的时候还可以请母语为英语的本领域学者进行把关。

四、关键词

关键词是研究报告的文献索引标志，是表达报告主题概念的词或词组。关键词是从其题名、层次标题和正文中选出来的能反映论文主题概念的词或词组。一篇研究报告的关键词通常有 3—8 个，位于摘要后面。关键词是论文信息最高度的概括，选择是否恰当，影响读者对文章的理解，关系到文章被检索和该成果的利用率。心理学论文的关键词可以从心理学名词审定委员会审定的、科学出版社 2001 年出版的《心理学名词》中选用。未被词表收录的新科技重要名词、术语，也可以作为关键词使用。避免选用一些外延较广的词作为关键词，如“方法”、“心理学”、“作用”、“策略”等。

五、引言

引言的目的是要抓住读者的兴趣，并且提供一个关于该研究的令人信服的综述和基本原理的说明，要引导读者按照作者的思路去理解该研究报告。研究报告可以从普遍问题的概括性介绍开始，随着文献综述的进行，应该把研究报告的焦点直接集中在和研究主题有关的问题或假设上。引言部分往往包括问题提出及界定、说明研究背景、阐明研究目的和理论基础、研究假设等四部分内容。

第一，问题提出及界定。研究报告的撰写是在研究基本完成之后才开始的，所以研究者所研究的问题早已经在研究者的心中了，撰写时需要立足于读者的立场，引导着读者去阅读研究报告。在开始着手前言的写作时，要考虑：研究的问题是什么？假设和实验设计与研究的问题之间有什么关系？该研究有何理论意义？该研究与所属领域以前的研究有何关系？要解决什么理论问题？如何解决？好的前言用一段或两段文字来回答这些问题，通过总结相关的论据，清楚地告诉读者做了什么，为什么要做。

第二，背景说明。提出问题后，需要对以前的相关文献进行讨论，但不要进行彻底的历史性回顾，要限定在自己探讨的研究主题上。对先前的研究工作进行学术性的回顾能够展现适当的历史状况，也是对他人研究工作的认可。引用以前的相关研究工作并对以前的研究贡献予以认可是作者学术责任的一部分。研究报告中的历史性回顾要避免综述性论文的写作方式。综述性论文应该完整、系统、全面地评述某一主题的进展，分析各个文献之间的关联性，为未来的研究提出一些富有启发性的思路。研究报告中的历史性回顾的目的在于为自己的后面正文中所开展的研究提供一个逻辑上的起点，要让读者清晰地看到报告者所要准备报告的研究主题在以往所存在的问题，亟待解决。因此应避免面面俱到、巨细无遗，要假定读者对研究的领域有一定了解，不需要向他们作全面的解释说明。同时，应只引用和参考与具体问题相关的研究工作，不要引用和参考无关或只具有一般性意义的研究工作。对先前的研究工作进行总结，应避免无关紧要的细节描述，要强调相关的发现、相关的方法论问题和主要的结论。要将以往的研究和当前的研究建立紧密的逻辑关系，在广泛的理论基础上清晰地提出问题，以便让专业领域内尽可能多的人了解它。要给读者一种“水到渠成”的感觉，认识到以往的研究中存在这样一个漏洞或问题，现在被研究者捕捉到，并试图予以解决。

另外，应该公平地对待有争议的问题。与其进行广泛而没有定论的讨论，还不如简单叙述一些研究支持某一结论而另一些研究支持另一个结论。不管个人的观点如何，在陈述一个争议性问题时，应避免敌意和带有个人偏向的陈述。不要引用一些与上下文无关的权威观点来支持个人的立场或证明自己的研究。

第三，阐明目的和理论基础。在引言的最后一段，要定义变量并对假设作说明，这些有助于增加论文的清晰度。在引言的末尾，要记住以下的问题：我打算控制什么变量？我期望得到什么结果以及为什么我期望这样的结果？应该明确“为什么我期望它们”这个问题背后的逻辑，清楚地说明每一个假设的理论基础。

第四，研究假设。因为心理现象的复杂性，在单个的研究中难以控制好所有的控制变量，同时也为了获得更具有生态效度的研究结果，故一篇心理学研究报告往往需要包括几个研究的结果，每一个研究要检验一个研究假设。通过检验几个研究假设以达到最终检验某个核心假设的目的。这几个研究之间的逻辑关系，可以在引言中加以概括，以便读者提前形成整体印象，帮助其更好地理解整个研究报告。这一部分的重点是要从逻辑上揭示几个研究之间的关系，因此，研究假设之间往往存在一种逻辑上的递进性，最终指向核心假设。

引言要让读者了解到，当前学术界在某一个主题上知道了什么？还有什么不知道？为什么需要获知这个未知点？通过什么途径来获知？获知了它有什么意义。这些都是报告者应该通过引言部分让读者能够从整体上了解到的。

六、方法

方法部分主要包括被试情况、研究工具及材料、研究设计与程序等几个方面。方法部分详细描述研究是如何进行的。这样的描述能够让读者评估所采用的方法是否恰当以及研究结果的信度和效度。科学研究的一种重要特征就是可重复性，其他研究者可以通过一篇报告的方法部分独立地对其进行重复性检验。

被试部分要说明参加研究的被试情况和取样方法。对被试作恰当的说明非常重要，特别是在不同的组间作比较、评估研究结果、归纳研究发现、比较重复研究、文献综述和分析二手数据时更是如此。对样本应该作足够的说明，并且样本应该具有代表性；如果不具有代表性，应该说明原因。

当被试是人时，应报告抽样和分组程序以及被试的性别、年龄、社会地位和种族等主要人口统计学特征。当一个特定的人口统计学特征是一个实验变量或对于解释结果非常重要时，应具体描述这个组的特征，例如种族、国籍、教育水平、健康程度、母语等。说明每一个组被试的构成有利于读者判断结论的可靠性。有时候某个人口统计学特征不是一个实验变量，但是对其作说明对后续分析也可能是有用的，对于读者理解该研究也可能很有价值。对于动物被试，应该报告它们的种类、编号或者其他的具体证明资料，以便他人能够成功地重复这项研究。在被试部分还应报告是否存在被试“丢失”情况以及是否有删除被试数据的情况。如果报告者需要删除部分被试的数据，必须提供充足的理由，否则切忌随意删减被试的数据。

研究工具和材料部分应简短描述实验过程中使用的实验设备或者材料以及它们在实验过程中的功用。研究工具和材料一般可以分为两大类，一类是常见的仪器、设备（如计算机、脑电仪等）和标准化的量表（如艾森克人格问卷、卡特尔 16PF 测验等），在研究报告中要说明仪器型号，量表的信度、效度；常用的实验器材，例如家具、秒表或屏幕，通常不需要进行详细描述。一些特殊设备要说明设备的型号乃至供应商的名称和地点。另一类是研究者自行设计、制作的工具或材料，一般应写明设计制作的具体方法，复杂的或专门定做的设备可能要通过图纸或者照片进行描述，可以在附录中对复杂设备进行详细描述。此外，在必要情况下还应说明数据收集的时间、地点和情境。

实验设计和程序部分主要说明研究设计的类型、被试分组情况、实验处理、无关变量的控制以及研究进行的具体步骤等。对于不同的研究类型，其研究的设计和程序是不同的。对于观察研究，要说明观察的方式、步骤、观察时间、地点、记录观察结果的方式以及观察者的情况等。对于调查研究，就要涉及调查问卷的设计、提问方式、散发及回收的情况等。对于实验研究，则要叙述研究过程的步骤，包括对被试的指导语、分组情况、具体的实验操作，还应对实验设计中的随机化、平衡抵消和其他实验控制特点进行描述，如“研究采用了 2 ×3 ×2 混合实验设计”、“研究采用了 2 ×3 完全随机区组设计” 等。除非指导语是非同寻常的或者其本身构成实验操作而需要逐字写出，否则只需对指导语作简要解释即可。对于比较熟悉的标准测验程序，可以简单描述，除非使用了新的或者独特的程序。如果是其他研究者曾首次使用的研究技术，可以报告出文献出处，供读者详细了解使用，同时也可以表明该研究所使用的研究技术曾被其他研究者证明是有效的研究技术。

此外，方法的说明中还可以包括数据的分析方法。如果使用常见的统计软件，如 SPSS 或 SAS 统计软件包，可以不必说明分析过程。

七、结果

结果部分主要是对研究中所得的资料进行概括，并进行统计分析，予以报告。结果的呈现顺序通常是：陈述主要的研究结果，给出基本的描述性统计结果，再给出推断性分析结果，最后给出效应量的测验结果。结果部分包括研究过程中观测到的现象以及收集到的数据的统计分析的结果。除非是个案设计或者单样本研究，一般不需要报告单个的被试数据或者原始数据。不论结果是否支持研究假设，所有的研究结果都必须如实地呈现。在这里不必对结果的意义进行解释和讨论。数据的检验和统计分析的显著性水平可以解释实验数据的真正含义。需要注意的是，结果部分往往用到“分析”，这里所说的分析，不是讨论，而是统计分析的意思，是指使用统计的方法挖掘数据背后的关联性。

研究中观测到的原始数据都是以一个个分散的数字形式出现的，要使这些没有多少实质性意义的原始数据能够反映所要研究的问题，必须进行统计处理。无论是用描述统计还是推论统计，都要在论文中报告相应的统计方法和统计结果。

当报告推论统计的数据（例如 t 检验、F 检验或 χ^2 检验）时，要包括实得量值或者检验值、自由度、概率以及影响的方向等信息；还要报告描述统计的数据（例如平均数或者中数）。报告平均数的同时，也要报告变异性的相关数据，例如标准差、方差或者均方差。要假设读者有一定的统计学知识，基本的假设不必进行论证，如拒绝虚无假设。

结果部分通常都包含着数据表格和图表。在结果部分运用表格和图表可以有效地、直观地表达数据资料，作为正文叙述的补充。表格也可简称表，是记录数据或事物分类等的一种有效表达方式。由于表格具有简明、清晰、准确的特点，同时表格的逻辑性和对比性又很强，因而在科技书刊中被广泛采用，科技书刊中普遍采用三线表。图表对信息的呈现直观、易读、易懂，一张图表的效果甚至比几百字的论述效果还好。应选择能够清楚而又经济地说明数据的报告形式。表格能提供精确的数值，可以有效地说明主要结果。插图能够吸引读者的目光，最好地表现互动关系和整体的比较。

当使用表格或插图时，要确定每一个表格或插图都在正文中有所提示，如“见表 1”、“见图 1” 字样。所有的表格都称为表，所有的曲线图、图片或者示意图都称为图。表格和插图都用来辅助文字说明，它们本身不能完全传达信息。通常需要告诉读者表格和插图说明了什么，并且要作足够的说明以便于理解。下面分别就表格和图表的写作规范予以说明。

三线表是表格的一种，通常只有三条线，即顶线、底线和栏目线（见图 11 - 1，注意：没有竖线）。其中顶线和底线为粗线，排版时俗称“反线”；栏目线为细线，排版时俗称“正线”。当然，三线表并不一定只有 3 条线，必要时可加辅助线，但无论加多少条辅助线，仍称做三线表。

三线表的组成要素包括表序、表题、项目栏、表体、表注，见图 11 - 1。

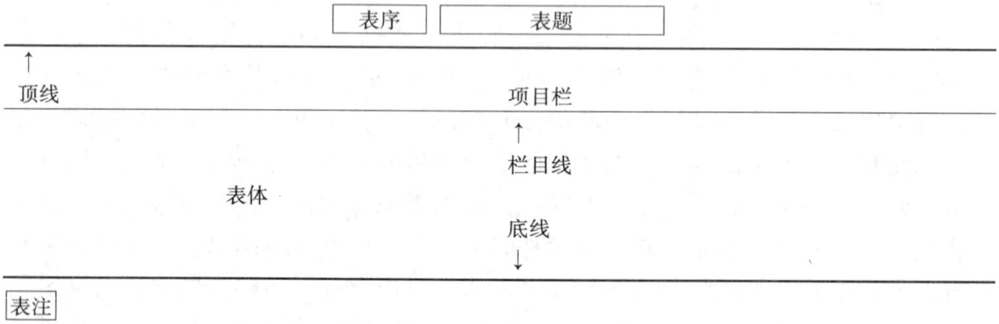

图 11 - 1　三线表的组成要素

图表往往可以使某些内容的叙述更加直观、简明和清晰，具有活跃和美化版面的功能，起到提高读者阅读兴趣的效果。尤其是在描述变量间的相互作用或非线性关系时，用插图来表达是非常有效的。但是，插图也有其自身的缺点，如制作成本高；数据的表达没有表格那么准确，有时还需要读者去估计。因此，在撰写报告时要考虑以下问题：1. 你需要表达什么观点？2. 插图是不是必需的？3. 哪种类型的插图（如线形图、条形图、示意图、地图或者照片）最符合目的？

八、讨论

写完结果部分之后，就要对研究结果进行讨论。讨论是研究报告的核心部分，其目的是解释现象、分析原因、阐述观点、说明研究结果的含义以及为未来的研究提供建设性意见。讨论被看做是衡量一篇研究报告优劣的标尺，最能反映出作者所掌握的文献量以及对某一个学术问题理解的深度。许多初写研究报告的学生写作"讨论"时往往存在以下几个方面的问题：1. 简单地罗列实验数据、描述实验现象，讨论过程实际上是实验过程和结果的叙述；2. 讨论过程重复地引用摘要和引言中的内容，没有形成自己对实验结果的分析；3. 讨论过程中大量引用国内外的文献，但是缺乏对文献观点的整合和分析，没有提出作者自己的观点；4. 对于研究结果的评价不够客观，有意地回避研究的局限性。

可以把讨论部分看做是引言部分的镜像。引言的表述是从一般到具体，它是利用相关文献中的已有项目推向并聚焦在特定假设上。现在要反过来，从特定的假设开始，将其与已有文献联系起来。在讨论部分不是仅仅重复引言中的表述，虽然可能会提到先前使用过的某些参考文献，但主要是要建立起自己研究结果与他人研究的新的联结点。

讨论部分是最不好写、最费心思的一部分内容，因为这一部分的撰写确实需要大量的背景性知识，同时也需要报告者对相关文献具有很好的驾驭能力。一般要写几个方面，第一是要讨论该研究报告的意义，对理论方面的贡献，在实际应用上的意义，有哪些发现，为什么是重要的。要说明你的工作有什么创意，什么新方法、新思路。第二，要解释一下，你的实验结果为什么是可靠的，人家过去的工作有哪些跟你是一致的，哪些文献可以支持你的结论。要指出你的工作的不足之处，还有为什么与别人的结果不一样，为什么你有不同的解释，等等。

在讨论的开始部分，应清楚地说明是支持还是不支持所提出的初始假设，要回应引言中提到的问题，还应说明研究结果与其他研究的异同，以及它们是如何证明结论的。但是，不要简单地重新组织说明或重复已经说明过的观点。研究报告中的讨论和结论是相互依存的，为了形成结论，在讨论的过程中作者要明确自己的观点：支持什么，反对什么，为什么支持，为什么反对。讨论要有其内在的逻辑性。研究报告从实验结果、实验现象这个特殊性开始分析逐渐讨论到引起这个现象的机制。在这个过程中可以引入他人的观点进行比对或佐证，也可以从实验结果的正反两方面进行论述，最后得到观点并进行评述。这个过程体现了思维的严密性、逻辑的严谨性、知识的系统性，要在讨论的过程中坚持普遍联系的方法和辩证的方法分析问题、认识问题。

作为一项科学研究，它是对未知世界的探索，既然结果不能提前预知（尽管我们做研究之前心里可能存在着一个期望的结果），就有可能出现负性的结果，即与假设相悖的结果。在讨论过程中，报告者应该接受而不是掩饰、回避负性的结果，需要将正性的结果和负性的结果相结合，都予以报告，或许这个负性结果隐含着一个更大的发现，将会促进其他研究结果的发现。在讨论负性结果时，报告者应该尽量给出可能的解释。研究和讨论的过程就是不断地排除错误的方法、找到正确的方法的过程。通过对比正反的实验结果可以使作者看问题的角度更加全面，视野更加开阔，使论文更加有说服力。

在讨论中，可以对研究结果进行评估，并解释研究结果的意义，特别是与初始假设有关的结果，也可以对结果进行推论。从理论上对有关结果以及所得结论的有效性进行讨论是讨论部分的重点，从理论上对前面所得结果加以分析和解释，往往能体现一篇研究报告的理论高度。在理论分析的过程中需要印证相关文献以提供理论上的支持。撰写的过程中不要为了引用的数量而增加文献的引用，而是立足于提供理论支撑；也不要故意回避前人的重要文献，以凸显该研究的"新颖"和"价值"。要避免引用文献和本研究之间的相互脱节，一定要使二者相互结合，形成系统性的论述，并凸显该研究的理论价值和实践价值。讨论中应避免无谓的辩论以及琐碎无力的理论比较。只有当（A）理论被实验数据证实，（B）论点与实验数据或者理论有密切的逻辑关系，并且（C）表述简洁时，才可以进行推测并展开讨论。如有可能，还需指出研究有何理论意义和实践意义，有何改进，或提出新的研究问题，但是这些论述要简略。

讨论部分的撰写，要尽量展示出报告者思想上的张力，这种张力是以所获得数据为基础的，结合数据结果的讨论要有所超越，要考虑这些结果的深层意义及其应用价值。结果也许支持或挑战现有理论，也许会暗示某种实践的改变，或许会对以前的研究结果给出新的解释。这几方面中的每个方面都是讨论部分中很好的主题，它们可以产生未来研究的新设想。如果你的结果支持当初的假设，就可以将研究扩展到新的环境或不同种群，这就有可能检测到你的发现的边界条件。如果结果不支持假设，那么你就要做更多研究以找出其中的原因。从提出问题到收集证据，再到提出新问题，这是一个永无休止的过程，这一过程是一般科学方法的一部分，研究问题的答案总是在向挑战者敞开大门。

九、结论

研究报告正文的最后部分是结论，有时也叫"结论与建议"。这一部分就是将本研究中确实得到的，可以肯定的部分概括性地呈现出来，它是"结果"、"讨论"后的一个自然总结。这里需要注意两点：一是不能将前人已有的认识和他人研究的结果作为结论；二是不能将研究者的假设、不能肯定的推测、未来研究设想等作为结论。结论要简短、肯定。

在一些应用性研究的报告中，研究者往往根据研究的结论针对某一实践领域提出建议。一般这些建议比较简明、确定，不要作过多的阐释，以避免喧宾夺主。

结论的客观性是指研究结论必须要有观测到的现象和数据的支持，不应是主观臆测的。它直接关系到整个研究报告的科学性。但有些研究报告在作结论时往往不够客观，主要表现在：结论中提到的结果并不是研究得出的结果，或者附加上作者自己的观点，或者歪曲研究的结果，结论缺乏数据支持；有的研究报告的结论包括了分析讨论中的内容，有的甚至将引证的他人的研究中的结论作为自己的研究结论。

结论的概括性也是结论的重要方面，包括研究内部概括性和研究外部概括性两个方面。结论的研究内部概括性是研究的内部效度的具体反映，主要包括变量、方法和所研究的心理过程的概括性三个维度。研究外部概括性是研究的外部效度的具体化，主要有被试之间、研究情境之间和物种之间的概括性几个维度。有的研究报告在做结论时往往不够慎重，将从小样本、特殊样本得出的结果推广到总体上，结论的概括性程度过大。

十、参考文献

所谓参考文献，指为撰写或编辑论著而引用的有关期刊或图书资料。按规定，在各类型出版物中，凡是引用前人或他人的观点、数据和材料等，都要对它们在文中出现的地方予以标明，并在文末或书末列出参考文献表。这项工作叫做参考文献著录。

著录参考文献可以反映作者的科学态度，并使论著具有真实、广泛的科学依据，同时也反映了该论著的起点和深度。科学研究都有继承性，现时的研究都是在过去研究的基础上进行的，当前的研究成果或研究工作一般都是前人研究成果或研究工作的继续和发展。因此，在论著中涉及研究的背景、理由、目的等的阐述，必然要对过去的工作进行评介，著录参考文献即能表明言之有据。这在一定程度上为论著的审阅者、编者和读者评估论著的价值和水平提供了客观依据。

著录参考文献能方便地把论著作者的成果与前人的成果区别开来。论著论述的研究成果虽然是论著作者自己的，但在阐述和论证过程中免不了要引用前人的研究成果，包括观点、方法、数据和其他资料。若对引用部分加以标注，这不仅表明了论著作者对他人劳动的尊重，而且也避免了抄袭、剽窃他人成果的嫌疑。著录参考文献能起索引作用。读者通过著录的参考文献，可方便地检索和查找有关的图书资料，以对该论著中的引文有更详尽的了解。参考文献不要使用不能保证真实性和权威性的网络资料。

作者列出的所有参考文献都应该是阅读过原文的，不能把别人列出的参考文献直接拿来使用，以避免出现对原文观点的错误解读。作为大学生应该坚持培养自己这方面严谨的学术态度和科学精神。

APA 格式的参考文献在正文中采用著者—出版年制，主要有两种形式：

1. 正文中的文献引用标志可以作为句子的一个成分，如：Heider（1958）指出，个体间在态度、性格和背景等方面的相似性……

2. 也可放在引用句尾的括号中，如：对决策行为的研究开始关注他人的建议在决策过程中的影响（Bonaccio & Dalal, 2006；徐惊蛰，谢晓非，2009）。

文章正文后面列有全部的参考文献，其撰写要求根据类型不同，按照 APA 格式举例说明如下：

1. 书籍

章志光.（主编）.（2008）. 社会心理学（第二版）. 北京：人民教育出版社.

2. 期刊

罗劲.（2004）. 顿悟的大脑机制. 心理学报. 36, 219－234.

3. 学位论文

杨烨.（2008）. 自我价值感二维模型的理论架构与实证研究. 博士学位论文. 北京大学.

4. 析出文献

王登峰，崔红.（2004）. 中国人“大七”人格结构的理论分析. 见 王登峰，侯玉波（编）. 人格与社会心理学论丛（一）（pp. 46－84）. 北京：北京大学出版社.

5. 译著

格里芬，津巴多.（2003）. 心理学与生活（第 16 版，王垒，王甦 等译）. 北京：人民邮电出版社.

6. 会议论文

普彬，黄希庭，陈有国.（2010, 11）. 数字大小影响时间知觉的 ERP 研究. 第十三届全国心理学学术会议论文摘要集，上海.

7. 来自互联网的文献资料

第十五届全国心理学学术会议组委会. 第十五届全国心理学大会征文通知. www. cpsbeijing. org/cn/ztnews02. php? zhuantiid = 31 & sortid = 39 & id = 265. 2012－5－10.

8. 来自报纸的文献资料

阎书昌.（2012－05－02）.“洗掉罪恶感”：身体洁净与道德的关联性. 中国社会科学报，p. B－02.

APA 格式参考文献更详细的介绍需要参考《Publication Manual of the American Psychological Association》(《美国心理学会出版手册》), 2009 年第 6 版。也可以参考国内《心理学报》对参考文献著录的要求。另外，即使是 APA 的出版手册，也不可能穷尽所有文献类型。如果找不到对你需要引用的文献类型的著录说明，则可参照最接近的文献类型来书写。如果没有接近的文献类型可以参照，总的原则是提供的信息越多越好，如著者姓名、出版时间、文题或书名、出版者信息等，也就是要提供文献查阅所需要的那些必要信息。

十一、附录

附录是正文的补充部分，必要时才列出。有些论文需要对某些材料进行必要而详细的描述，但由于这些材料较为复杂或琐碎，放在正文中会割裂正文，分散读者对论文本身的注意力，那么就有必要把这些材料作为附录放在正文的后面。附录有两个作用：一是为读者提供更详细的信息，二是排版印刷时更加灵活。只有当附录有助于读者了解、评估或者重复这项研究时，才采用附录。

常见的附录包括数学证明、大型表格、词表、问卷或其他调查工具、计算机程序等。一篇论文可以有多个附录。如果只有一个附录，只用“附录”即可。如果有多个附录，则需有序号，按正文参照的顺序排序，如附录 A、附录 B 等。每个附录必须有题目。

大学生在学习心理学报告写作过程中，也常常会遇到理论综述报告。理论综述报告是指在对某一研究领域内的某一专题文献进行系统了解的基础上，将大量相关文献加以组织后对该专题加以概括、总结、分析、比较，从而对以后进一步研究加以指导的研究报告形式。理论综述报告的撰写重在按照逻辑关系来组织文章。理论综述报告一般分为三个部分：首先对所要阐述的问题进行定义，一般是操作定义。其次，回顾该问题的发展历史，总结前人研究结果，报告出其研究现状。在这一部分中，作者要根据已综述文献的逻辑关系报告出相关文献中的问题所在，问题所在往往是初习此类报告撰写的大学生觉得比较困难的地方。问题所在就是矛盾的地方，可以从不同学科对某个问题所持观点的矛盾之处、不同理论对某个问题所持观点的矛盾之处、理论和实践之间的矛盾之处入手，并进而分析矛盾产生的原因。理论综述报告一般要有总结和展望部分，在这一部分中作者要指出问题研究的趋势，提出问题解决的方案。理论综述报告重点是要阐发出作者自己的观点，如果仅仅停留在文献汇总上，只能给其他研究者提供一个文献线索，而不能提供研究思路上的启发，这样的理论综述报告的价值就会大打折扣。对于个案研究报告、方法学研究报告的撰写可以学习已发表报告的撰写形式或参考相关写作规范的书籍。

心理学研究报告的撰写涉及许多的格式要求，这些格式要求在《美国心理学会出版手册》一书中有着十分详细的介绍，建议学生在撰写报告的实际过程予以参照，边参照边学习。对这些约定俗成的格式要求如果仅仅当做知识来学习而不在写作的过程中去实践，犹如总是往行囊中收拾旅途中可能用到的物品，却从来不去旅游一样。

研究报告撰写的技能和技巧以及对规范的把握，都是学习和练习的结果。经常进行研究报告的撰写，在写作过程中不断形成自己的写作经验是至关重要的。另外，一篇研究报告的撰写不可能一蹴而就，从初稿到定稿是不断修改和完善的过程，很多报告撰写经验丰富的学者都主张一篇报告修改 20 遍也不为过。作为初习研究报告撰写的大学生，应该经常阅读高水平的学术文献，可以从中选择一两篇好的研究报告为学习范本，在自己写研究报告时予以参照，学习他人的写作规范，更重要的是他人写作文本中所展示出的思维的逻辑性。

第三节　研究报告的阅读与评价

如果说研究报告的撰写是试图让别人相信自己研究结果的过程，那么阅读与评价却是要通过质疑、批判，进而欣赏或否定他人研究结论的过程，最终获取别人的研究智慧，增强自身研究的技能与技巧，并能运用到未来的研究之中。研究报告的撰写是以完成了一项研究为前提，一项好的研究配以训练有素的撰写，才有可能成为一篇好的研究报告。研究做得不好，即使撰写得再好，也不会成为好的研究报告。研究报告撰写方面受过严格训练的研究者，可以凭借自身的写作经验来阅读和评价他人的研究报告，但是阅读和评价他人研究报告不能仅仅停留在评价他人撰写方面的优缺点，更要指向其他研究者所报告的研究内容。撰写的技能技巧可以帮助报告者引领读者按照其逻辑或思路进行思考，认同其结果，但是阅读和评价就需要读者要有独立的批评性精神，透过撰写的技能技巧厘清研究者的研究思路，进而深入理解研究者的研究内容。

一、研究报告评价的总体标准

（一）创新性

创新性或新颖性是一篇研究报告的核心和灵魂。如果一篇报告只是简单地重复别人的研究思路或发现，就算不上一篇好报告。一篇报告创新在何处？无外乎理论创新（含主题创新）、方法创新、证据创新。一个学科的发展理论创新和方法创新都是比较难的，一旦有新理论或新方法出现，就有可能极大地推动学术的进一步发展。证据创新（新资料）也有其重要性，尤其是老问题出现的新证据，也具有较好的创新性。我国心理学学者罗劲教授原创性地提出了利用谜语和脑筋急转弯的方法开展的系列顿悟脑机制研究，开创了在实验室条件下顿悟脑机制研究的先河，在国内外都产生较大的影响，这是主题创新和方法创新较好的例证。

在实证研究中的新发现和新见解，在思辨研究中的新论点和独到的分析，甚至所用的研究方法和新的研究思路，均可视为论文的创新性。

根据论文中的文献述评，探讨以往有关文献，可发现该课题的研究基础和新起点，从而判断研究的突破口和创新点，区别哪些内容是已有的研究成果，哪些内容是创新成果，哪些内容是在别人研究基础上进一步的完善和深化的成果。

创新往往来自几个方面：经典问题的重大进展，有广泛应用性的新技术与方法，具有重要应用前景的新发现，概念上的创新，对教科书中定律性知识的新突破，开创新领域性的研究发现。

相比较而言，创新性不太高的研究往往是研究的问题不是向纵深性发展的研究，而是停留在横向上发展，如亚洲人身上存在一种心理效应，研究者去检验欧洲人身上是否存在这种效应，就属于横向发展。如果动物存在的一种心理机制，在人身上还从来没有人去研究，这种情况下以人为被试去研究这种心理机制就属于纵深性发展的研究。前者就不如后者的创新程度高。

补充性研究是指在别人提供了大的研究框架的前提下，研究者将其中的一些细节研究出来。不是说这样的研究没有创新性，而是说此类研究没有创新性，是说这样的研究最终贡献不是最重要的。类似的情况还有那些别人提出了一些概念之后，在这样的研究思路之下为他人的研究提供一些实验证据。

由此看来，所谓的创新性，更多的是要判断作者的独立思考能力。一篇文章越是能够反映作者的独立思考能力越是能体现创新性。独立思考是真正科学家的标志。如果作为一个学者缺乏独立思考，即使掌握了完美无瑕的研究方法，其研究报告可能仅仅停留在“制造”的层面，而没有达到“创造”层面。

（二）可靠性

一个好的问题，只有采取了可靠的方法和技术，才能较好地保证结果的可靠性。没有可靠性，再好的研究问题都无法得到真正解决。研究报告的可靠性往往涉及两个方面，一是该研究报告所得结果是否可靠，二是该研究报告所得结果对于解释概括层面上的问题的可靠性。前者所说的是该研究过程的信度、效度问题；后者说的是研究报告的外在效度问题。

（三）完整性

一项研究报告应该具有很强的完整性，即将一个现象研究透彻，并对其能作出较好的理论解释。不能停留在只知其一、不知其二的情况。在评价一篇报告时，就要看报告者是否将一个现象进行了较为全面的揭示，并进而对一类事件有一定的解释力。科学具有描述、解释、预测和控制的功能，其最终目标是能够达到预测和控制，这就要依赖于对一种现象研究的完整性。

二、研究报告阅读与评价的具体实施

一篇研究报告拿到手，首先要进行初始评价，即对作者、作者机构及其研究领域、发表时间、刊载期刊的声望进行评价。某一个领域的几位重要学者的研究报告，往往意味着该领域的重要发展方向，从他们的研究报告中可以获得更大的启发，分享到更多的智慧。关注某一个领域最近发表的研究报告，可以感受到与当前众多学者同步思考问题，感受到智慧的竞争，在这种情况下，每产生一个新的思路，往往具有更大的创新性，也意味着有可能较大地促进学术的进步。另外，还可以根据 APA 研究报告撰写的要求，对一篇报告的题目、摘要、关键词、正文、参考文献的规范与否进行初步的评价。在对研究报告获得一个整体印象之后，再进行深入的阅读和评价。

研究报告的阅读和评价应该对文献有一定的选择性，而不是随机性地遇到什么文献都阅读。学术价值较大并具有长久学术生命力的文章永远属于少数。

（一）问题提出部分的阅读与评价

1. 作者要解决什么问题

报告者需要在问题提出部分，即前言或引言中，提出“是什么”（研究主题）、“为什么”（研究的重要性）、“怎么做”（研究的操作性）。尽管报告者会相应地报告这些内容，但是阅读者要有独立的科学精神去审视报告者的论述内容。

研究主题的提出，角度要新，要有深度，有启发性，有进一步思考和探索的价值。还要清楚认识问题的重点、关键和难点，明确解决问题的突破口。每个研究问题的组合和排序，要显示一定的逻辑结构和理论框架，应具备完整性和严密性。研究主题还要体现出研究的社会实践意义和理论建树价值。作为评价者，主要是通过通读全文后的反思，综合分析研究成果的作用和价值，来判断作者研究这个课题的必要性，判断该课题的研究成果对人类社会发展、学科建设，对个体的生活、工作和学习可能产生的贡献。

阅读者要确认报告者是否足够地综述了相关文献，作者是否忽略或回避了哪一篇重要论文。作者是以参考文献来支持某一个主张吗？作者正确地呈现了先前的研究结果吗？作者在综述先前的研究时，有可能会有倾向性地选择对自己有利的文献，回避对自己不利的文献。如果你有怀疑，那就查找第一手资料，并且自己作评判。综述部分一定要跟踪到最新进展，站在研究主题的最前沿上思考问题，才意味着有更大可能做出具有创新性的研究，而且，在较旧的文献基础上无法描绘出一幅准确的研究图景。

2. 研究假设是什么

心理学研究报告要有可以检验的研究假设，供研究结果去证实或证伪。科学研究意味着探索未知世界，最后用发现的事实去检验假设。阅读者要判断报告者的假设是否是从引言中逻辑地推导出来的，这些假设是否清晰地被陈述出来，这些假设是否可以被有效地检验，还要评价该假设的证实或证伪对于研究主题能够提供多大程度的证据支持。研究主题往往具有一定的抽象性和概括性，而研究假设却是需要可以在操作层面上进行检验的，二者直接需要建立起严格的逻辑关系。

3. 如果自己是研究者，自己怎样去检验研究假设

这是对“问题提出”部分进行评价的关键问题。读者往往应该在阅读研究报告的下文之前对这一问题作出独立的回答。有的作者已经在“问题提出”部分提出了检验假设的方法，读者不受作者影响地回答这一问题是很困难的。但不管怎样，读者在提出检验问题的方法时要有根据。

（二）研究方法部分的阅读与评价

读者在阅读“研究方法”部分时，也要向自己问几个问题。

1. 自己提出的检验假设的方法是否比作者好？

在思考这一问题时，读者肯定需要将自己的方法与作者的方法进行比较，这个比较过程实际上就是对研究方法的评价过程。

2. 作者的研究方法是否能够检验研究假设？

研究方法应该能够检验研究假设。但是有些研究报告所提出的研究方法却不能检验假设，而是检验了其他东西，读者在阅读时应该尤为注意。

3. 研究的自变量、因变量、无关变量是什么？被试如何取样？是否合理？

一般来说，这个问题在研究报告中表达得很清楚，是易于作答的。但是，有的研究报告在说明无关变量的控制时很不明确。读者可以先记下可能的无关变量，待阅读了“结果与讨论”部分再与作者的结果对照，看这些无关变量是否可能影响研究结果。自变量、因变量和无关变量在实验心理学和研究方法的著作中都表述得很清楚，但是落实到一项具体的研究之中时，却往往并非像报告者所预期的那样控制得很完善，因此，作为阅读者应该认真思考和评估报告者所测量或控制的各种变量。

此外，对被试取样的合理性要结合研究目的、研究类型进行批判。很多研究报告声称做到了随机取样，但实际上并非如此，这种做法是有悖于科学精神的。另外，即使一些报告看似采用了随机取样的方式选取被试，但是由于种种原因会产生偏性样本，使得一些变量被混淆进来。

4. 按照作者的研究方法，预测这一研究将取得怎样的结果？

这并不是要求读者精确地预测研究结果的数值，而是要求读者预测变量间关系的大致趋势，以便与该研究获得的结果进行比较。

从上述问题中可以看出，阅读研究报告要以读者为中心，读者主动地去设计、预测、比较、判断，而不只是消极地接受作者的观点、方法，批判的含义即在于此。

研究中所采用的方法是否有效地考查了所要研究的问题也是评价论文内容的

一个重要方面。特别是在实验研究中，研究方法必须具备可操作性和可重复性。从这一意义上讲，能否将研究的问题以操作定义的形式表述，并用实证的研究方法进行测量，是一篇研究报告的核心。这也是研究报告中最能体现研究者的学术素养之处。在研究方法中，研究工具的信度和效度也是较为重要的因素。如果是实验室实验，一般还要审查所使用仪器是否精确。

（三）结果部分的阅读与评价

在研究结果部分不呈现原始数据，而只呈现数据统计的一般过程和统计结果。因此，采用的统计数据是否有效以及统计过程是否有错，是研究结果评价的重点。研究结果也是实验结论得出的重要依据，其准确性直接决定结论的准确性。

对心理学研究报告的评价，评价的重点是论文是否对研究结果进行了深入的分析和讨论，在分析讨论研究结果时，是否结合研究者所掌握的有关情况，拓宽研究视野，是否对检验假设的情况作出恰当的解释，对新情况新问题作出合适的说明；主要看分析问题是否有深度，对现象的描述是否准确，对事件的评价是否恰如其分，对观点的论述是否注意理论联系实际。作为一篇研究报告，要求观点鲜明、正确，有说服力，要求论述具有逻辑性、条理性、层次性和完整性。

（四）讨论部分的阅读与评价

讨论部分是研究报告中最难评价的部分。读者要从内在逻辑性上分析报告者的讨论内容。读者要厘清作者如何论证自己的观点，通过什么方式绕过难点，一步步严谨地论证；要注意讨论的每个部分是否有层次，是否有逻辑顺序，且每个部分应有一个主题；报告者所讨论内容是否是其研究独特的东西，以及和别人研究结果的异同；另外讨论的数据来源是否和结论中的数据一致。

研究问题讨论得合理与否以及讨论得是否充分决定着讨论部分的质量。讨论时，研究者要按照研究问题的内在逻辑线索，对研究问题进行深刻而全面的分析、综合、推理和概括，从而为最后得出结论奠定坚实基础，使人觉得结论的得出非常自然。讨论部分具体要评价的内容主要有以下几个方面：一是研究者在论述研究问题的来龙去脉时是否引用了丰富的相关研究文献，相关研究文献是否具有本领域内的权威性和可靠性；二是研究者对研究问题的脉络把握得是否准确；三是研究者所得研究结果是否验证了前面的假设；四是论述过程中是否结合一定的统计推理方法；五是是否对研究中所没能解决的问题加以论述，并提出进一步的解决方法。

阅读者还可以从以下方面展开评价，即报告者在讨论过程中的理论分析是否存在唯一性，是否存在其他可能的解释途径，或者说报告者在排除其他可能解释的过程是否做到了有理有据，是否站得住脚。

（五）结论的评价

对于结论的评价要考虑客观性和概括性两个方面。客观性评价是根据研究报告的方法、结果和讨论，进行对结论是否符合事实的判断，这种评价相对容易进行。结论概括性评价反映了研究结果解释的普遍推广程度，是研究的科学性和价值的重要指标之一。如前所说，结论概括性主要表现在研究本身的概括的内容效度以及向其他被试、情境、种族等更大的范围推广的外部效度两方面。

评价一项研究的结论的概括性，首先要考虑所有与该研究有关的研究的结果解释，包括诸如理论基础、研究方法、测量手段、数据资料等可能影响结果解释的因素。其次，要考查研究结论所侧重的概括性的种类。例如，被试之间的函数关系的概括性可以通过对大量被试进行相同实验条件的重复研究来获得，成功地重复该研究的研究数量可以作为衡量结论被试之间概括性的直接指标。而对于有些调查类的相关研究，评价变量、方法和程序的概括性相对比较困难。再次，在评价结论的概括性时，还应考虑重复研究获得的结果与先前的研究结果的符合程度，这是结论概括性的准确性的指标。在评价结论概括性时要求重复研究获得精确的相同的数量结果是不可能的，在大多数情况下，重复研究只要获得了大致相同的结论，就可以看做是概括性较好。

阅读和评价他人的研究报告应该兼具欣赏和评判两种态度，许多已经发表的研究报告，尤其是那些高水平的报告，都是研究者精心撰写，审稿专家和编辑予以审阅后，最后发表出来的，自然有其学术价值，因此大学生首先要以欣赏的态度去研读别人做（写）得好的研究工作和报告。同时，每一项科学研究或多或少都存在一定的局限性或缺点，因此也要培养自己的批评精神，在别人的研究中发现潜在的未知因素，去钻研去探索。以别人的智慧结晶为阶梯，去开拓自己的学术视野，是大学生学习和发展的重要内容。

【建议参考资料】

1. American Psychological Association. Publication Manual of the American Psychological Association [M]. 6th ed. Washington, D. C.: American Psychological Association, 2009.

2. 中国心理学会. 心理学论文写作规范 [M]. 北京：科学出版社，2002.

【问题与思考】

1. 研究报告的基本特征有哪些？

2. 研究报告评价的总体标准有哪些？

3. 从国内权威心理学期刊上选取一篇新近发表的研究报告，结合本章的撰写规范、阅读与评价的内容对其进行研读和评价。

4. 津巴多等人于 1973 年曾做过一项经典的“模拟监狱”实验，有研究者（Thomas Carnahan & Sam McFarland）于 2007 年发表英文文章指出该实验研究中存在着一个混淆变量，请检索到这篇文献并加以研读，分析其问题的提出、研究过程和结论，你认为该研究在多大程度上能否定津巴多等人的研究结论？

参考文献

1. 贝利. 现代社会研究方法 [M]. 许真，译. 上海：上海人民出版社，1986.

2. 陈晓萍，徐淑英，樊景立. 组织与管理研究的实证方法 [M]. 北京：北京大学出版社，2008.

3. 董奇. 心理与教育研究方法 [M]. 北京：北京师范大学出版社，2004.

4. 郭秀艳. 实验心理学 [M]. 北京：人民教育出版社，2004.

5. 黄希庭，张志杰. 心理学研究方法 [M]. 北京：高等教育出版社，2005.

6. 凌文辁，方俐洛. 心理与行为测量 [M]. 北京：机械工业出版社，2003.

7. 刘电芝. 教育与心理研究方法 [M]. 重庆：西南师范大学出版社，1997.

8. 罗凤礼，萧延中. 心理传记学译丛 [M]. 北京：中央编译出版社，2011，2012.

9. 墨菲，大卫夏弗. 心理测验：原理和应用 [M]. 张娜，杨艳苏，徐爱华，译. 上海：上海社会科学院出版社，2006.

10. 莫雷，温忠麟，陈彩琦. 心理学研究方法 [M]. 广州：广东高等教育出版社，2007.

11. 舒华. 心理与教育研究中的多因素实验设计 [M]. 北京：北京师范大学出版社，1994.

12. 王重鸣. 心理学研究方法 [M]. 北京：人民教育出版社，2000.

13. 维尔斯马. 教育研究方法导论 [M]. 袁振国，译. 北京：教育科学出版社，1997.

14. 袁方. 社会研究方法教程 [M]. 北京：北京大学出版社，1997.

15. 张厚粲，徐建平. 现代心理与教育统计学 [M]. 北京：北京师范大学出版社，2009.

16. 张文彤. 世界优秀统计工具 SPSS 11 统计分析教程（基础篇）[M]. 北京：北京希望电子出版社，2002.

17. 郑日昌. 心理测量 [M]. 长沙：湖南教育出版社，1987.

18. 中国心理学会. 心理学论文写作规范 [M]. 北京：科学出版社，2002.

19. 周谦. 心理科学方法学 [M]. 北京：中国科学技术出版社，2000.

20. 周文钦. 研究方法：实征性研究取向 [M]. 台北：心理出版社，2002.

21. 梁，奥斯汀. 心理学研究手册 [M]. 周晓林，译. 北京：中国轻工业出版，2006.

22. 朱滢. 实验心理学 [M]. 北京：北京大学出版社，2000.

23. Runyan. 生命史与心理传记学 [M]. 丁兴祥，译. 台北：远流出版事业股份有限公司，2002.

24. 舒尔茨. 心理传记学手册 [M]. 郑剑虹，译. 广州：暨南大学出版社，2011.

25. 肖内西，泽克迈斯特 E B，泽克迈斯特 J S. 心理学研究方法 [M]. 张明，译. 北京：人民邮电出版社，2010.

26. ALEXANDER I E. Personology：method and content in personality assessment and psychobiography [M]. Durham and London：Duke University Press，1990.

27. ALLPORT G W, VERNON P E, LINDZEY G. Study of values [M]. 3rd ed. Boston: Houghton Mifflin, 1960.

28. CAMPELL D T, FISKE D W. Convergent and discriminant validation by the multitrait – multimethod matrix [J]. Psychologigcal Bulletin, 1959, 56: 81 – 105.

29. ELMS A C. Uncovering lives: the uneasy alliance of biography and psychology [M]. New York: Oxford University Press, 1994.

30. MCADAMS D P. The psychology of life stories [J]. Review of General Psychology, 2001, 5: 100 – 122.

31. MCADAMS D P, OCHBERG R L. Psychobiography and life narratives [M]. Durham: Duke University Press, 1999.

32. MASLOW A H. Motivation and personality [M]. New York: Haper & Row, 1954.

33. MYERS A, HANSEN C H. Experimental psychology [M]. 5th ed. Pacific Grove, CA: Wadsworth Group, 2002.

34. SALKIND N J. Exploring research [M]. 4th ed. New Jersey: Prentice Hall, Upper Saddle River, 2000.

35. STEVENS S S. Handbook of experimental psychology [M]. New York: John Wiley & Sons, 1961.

36. American Psychological Association. Publication Manual of the American Psychological Association [M]. 6th ed. Washington, D. C.: American Psychological Association, 2009.

图书在版编目(CIP)数据

心理学研究方法／张志杰主编. －北京：开明出版社，2012.10
(新世纪心理与心理健康教育文库)
ISBN 978－7－5131－0856－0
Ⅰ.①心… Ⅱ.①张… Ⅲ.①心理学研究方法 Ⅳ.①B841

中国版本图书馆CIP数据核字(2012)第218076号

责任编辑： 陈璘彬　吴晨紫　支颖　何妍

书　名： 心理学研究方法
出品人： 焦向英
出　版： 开明出版社
(北京海淀区西三环北路25号 邮编100089)
经　销： 全国新华书店
印　刷： 保定市中画美凯印刷有限公司
开　本： 700×1000　1/16
印　张： 10.75
字　数： 148千字
版　次： 2012年10月 北京第1版
印　次： 2018年 1 月 北京第2次印刷
定　价： 28.00元

印刷、装订质量问题，出版社负责调换货　联系电话:(010)88817647